AF308913

RAPPORT

SUR LES

OPÉRATIONS MILITAIRES

AU TONKIN

Par le Colonel L.-V. RIOU

AVRIL ET MAI 1901

(Extrait de la *Revue des Troupes coloniales*.)

PARIS

HENRI CHARLES-LAVAUZELLE

Éditeur militaire

10, Rue Danton, Boulevard Saint-Germain, 118

—

(MÊME MAISON A LIMOGES)

RAPPORT

SUR LES

OPÉRATIONS MILITAIRES

AU TONKIN

RAPPORT

SUR LES

OPÉRATIONS MILITAIRES

AU TONKIN

Par le Colonel L.-V. RIOU

AVRIL ET MAI 1901

(Extrait de la Revue des Troupes coloniales.)

PARIS

HENRI CHARLES-LAVAUZELLE

Éditeur militaire

10, Rue Danton, Boulevard Saint-Germain, 118

(MÊME MAISON A LIMOGES)

RAPPORT

SUR LES

OPÉRATIONS MILITAIRES

AU TONKIN

Le 24 mars 1901, le maréchal Sou envoyait au général commandant en chef les troupes de l'Indo-Chine, par l'entremise de M. Bertrand, son ingénieur-conseil, un télégramme où ce haut fonctionnaire annonçait qu'il avait commencé, en partant de *Pé-Sé*, un mouvement vers le Sud tendant à refouler les bandes pirates (environ 3.000 hommes) qui infestaient la région sur la zone de notre frontière comprise entre *Dong-Van* et *Binh-Mang*.

Ce télégramme fut communiqué aussitôt au colonel commandant le 2ᵉ territoire et provoqua les mesures suivantes :

Premières dispositions prises.

1° Surveillance étroite de la frontière chinoise de *Dong-Van* et *Binh-Mang* ;

2° Armement de tous les partisans des villages voisins de la frontière ;

3° Avertissement donné aux commandants des postes

doubles français d'avoir à se mettre en relations plus étroites avec les commandants des postes chinois correspondants, afin d'être mis au courant de tout mouvement des bandes pourchassées par le maréchal Sou.

De plus, le général commandant en chef les troupes de l'Indo-Chine, trouvant que le commandant du territoire, d'après ses dispositions prises, paraissait avoir un peu trop de confiance dans les partisans, mettait à sa disposition la 7ᵉ compagnie de légion étrangère, les 4ᵉ, 8ᵉ et 14ᵉ compagnies du 3ᵉ tirailleurs tonkinois, stationnées respectivement à *That-Khé, Ngan-Son, Bac-Kan, Bac-Ninh;* la frontière put être renforcée et une deuxième ligne formée en arrière, prête à se porter aux points menacés.

Les troupes, d'après les ordres donnés le 31 mars, devaient être, au fur et à mesure de l'arrivée des renforts, réparties de la façon suivante sur les parties de la frontière qui paraissait être menacée :

Lung-Lan, demi-section;
Chang-Poung, demi-section;   } 7ᵉ compagnie du 2ᵉ tonkinois;
Dong-Van, 3 sections ;

Coc-Pan, demi-section, 13ᵉ, et demi-section, 14ᵉ ;
Nam-Quett, demi-section, 13ᵉ, demi-section, 14ᵉ ;
Dong-Mu, une section, 8ᵉ ;
Lung-Mat, demi-section, 8ᵉ ;
Bo-Gai, une section, 1ʳᵉ, demi-section, 15ᵉ ;
Po-Khuy, demi-section, 15ᵉ.
Soc-Giang, deux sections, 1ʳᵉ; une section, 15ᵉ ;
Nam-Nhung, une section, 1ʳᵉ; demi-section, 15ᵉ ;
Cat-Ma, demi-section, 15ᵉ compagnie.

Ces dispositions n'étant que provisoires, le commandant du territoire n'a pas cru devoir faire exécuter tous les mouvements qui auraient été nécessaires pour éviter le mélange des unités.

2° ligne.

Méo-Vac, deux sections, 14°; 3° tirailleurs tonkinois ;

Bao-Lac, 3 sections, 13° compagnie; une section et demie, 8° compagnie ;

Trung-Trang, une section, 4° compagnie ;

Tap-Na, une demi-section, 4° compagnie ;

Nguyen-Binh, une demi-section, 4° compagnie ;

Mo-Xat, une section, 4° compagnie.

Comme on le voit, dans cette répartition, le colonel commandant le 2° territoire avait puisé dans la garnison de *Cao-Bang* un renfort de la 15° compagnie du 3° tonkinois, se réservant de la remplacer au premier signal par la 7° compagnie de légion, laissée à *That-Khé*. Le commandant Lamotte, du 3° tonkinois, se rendait à *Soc-Giang* pour prendre le commandement des troupes réunies dans les secteurs de *Soc-Giang* et de *Nguyen-Binh*.

Le général en chef lui ayant communiqué le télégramme n° 14 et la lettre n° 99, B. C., relatifs à la coopération des réguliers chinois, le colonel commandant le territoire, suivant ces prescriptions du général commandant en chef, adressa aux deux chefs de bataillon commandants de cercle et aux commandants des troupes des secteurs de *Nguyen-Binh* et de *Soc-Giang*, les ordres dont l'énoncé suit :

« Tout devra être mis en œuvre pour que nos commandants de postes-frontière restent en communication constante avec les commandants des postes chinois qui leur correspondent et obtiennent d'eux des renseignements exacts sur les mouvements des bandes.

» Si une bande, poursuivie par les troupes chinoises, passe la frontière et entre au Tonkin, les troupes régulières chinoises pourront passer la frontière à sa suite pour continuer à garder le contact en attendant que ce contact puisse être pris dans de bonnes conditions par nos troupes et nos partisans. Dès qu'un commandant de poste ou de troupe aura été prévenu, soit par le commandant des troupes chinoises, soit par les habitants, il devra, en prenant de suite sous sa propre responsabilité les mesures qui lui sembleront devoir comporter les renseignements reçus, communiquer immédiatement les renseignements et aviser des mesures qu'il aura prises, et cela par les moyens les plus prompts, le chef dont il dépend, les troupes et les postes voisins. Des ordres seront alors donnés sans désemparer par le chef de bataillon intéressé pour amener sur place les troupes nécessaires à la continuation de la poursuite ou des opérations contre la bande qui aura passé sur notre territoire, et, après conférence entre le commandant de nos troupes et celui des troupes chinoises, ces dernières pourront alors repasser en Chine, où il leur sera encore possible de coopérer aux opérations ultérieures par des mouvements opportuns qui pourront être décidés après entente des commandants des troupes des deux nations.

» En résumé, il ne faut pas que l'interdiction de franchir la frontière fasse cesser une poursuite commencée par les troupes chinoises et permette à la bande pourchassée de se reconnaître, de prendre une position avantageuse ou d'échapper pendant le temps qui nous sera nécessaire pour amener nos troupes et prendre la suite de l'opération.

» D'un autre côté, il importe que la présence des réguliers chinois sur le territoire annamite soit aussi peu prolongée que possible. Dans le cas, qui se présentera certainement, où nos premières fractions amenées sur place devraient rester un temps plus ou moins long, en attendant l'arrivée des forces nécessaires à la conti-

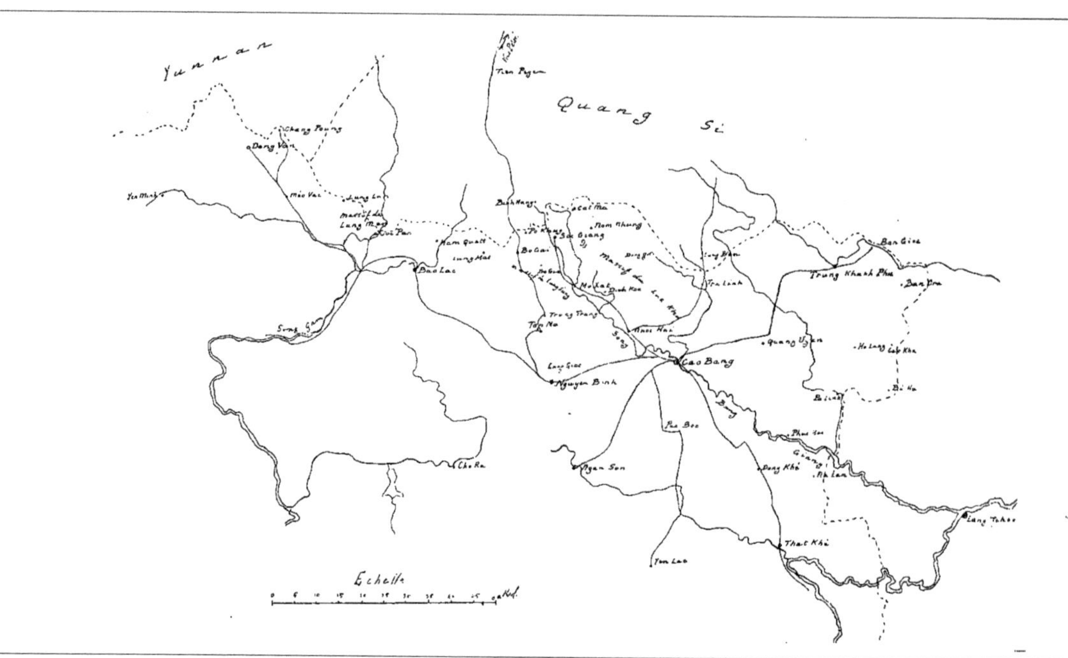

Yunnan
Quang Si
Chang Poung
Dong Van
Tien Pgem
Yen Minh
Mao Vac
Lung Lu
massif du Lang Map
Quei Pan
Nam Quatt
lung Mai
Bao Lac
Binh Hang
Po Khong
Sat Giang
Cai Ma
Nam Nhung
Bo Cai
Ban Giot
Long Phau
Trung Khanh Phu
Ban Pra
Song Gam
Tao No
Mo Xat
Dinh Xan
Ana Kha
Tra Linh
Ho Long Cap Kha
Trung Thang
Phoi Hai
Song
Quang Uyen
Be Linh
Bi Ha
Long Giac
Nguyen Binh
Cao Bang
Bang
Pac Boo
Phuc Hoa
Guang
Cho Ra
Ngan Son
Dong Khe
Nh Lan
That Khe
Ton Lao
Lang Tchao
Echelle
0   5   10   15   20   25   30   35   40   45   50 Kil.

nuation des opérations par nos seuls moyens, en contact avec les réguliers chinois, il faudra que le commandant de ces fractions se concerte avec le commandant de la troupe chinoise pour les dispositions à prendre ou les opérations à faire en commun. Le colonel commandant recommande à tout chef militaire, quel que soit son grade et quel que soit le rang du chef chinois, le plus grand tact et même la plus grande courtoisie vis-à-vis de ce dernier.

» Il est difficile de donner des ordres très fermes pour des cas qui pourront varier beaucoup; aussi le colonel prie-t-il tous les officiers appelés à prendre part aux opérations de se pénétrer de l'esprit des présentes instructions. Le colonel commandant, à la première nouvelle d'opérations imminentes, se rendra d'ailleurs au point qui paraîtra devoir en devenir le centre et prendra le commandement de toutes les forces réunies sur la frontière du territoire, entre *Dong-Van* et *Nam-Nhung*.

. . . .

. . . .

. . . .

» Le colonel commandant a écrit au colonel Sou, commissaire chinois de police frontière du *Quang-Si*, pour porter tout ce qui précède à sa connaissance et pour le prier d'en informer tous ses subordonnés. Il lui est, de plus, demandé, pour nos troupes, une juste réciprocité en ce qui concerne la latitude donnée aux troupes chinoises en opérations de pénétrer au Tonkin. Si des fractions de nos troupes étaient ainsi appelées à passer momentanément en Chine, leur commandant devra s'attacher à faire prévenir rapidement le commandant chinois le plus proche et faire tout ce qui dépendra de lui pour éviter tout conflit ou malentendu et hâter le moment où il pourra rentrer au Tonkin.

» Il reste bien entendu que les troupes régulières seules auront la faculté de franchir la frontière dans les conditions indiquées et qu'en aucun cas cette latitude n'existera pour nos partisans. »

En outre, une proclamation était adressée aux autorités indigènes pour que la population du 2ᵉ territoire soit avertie d'une entrée possible de réguliers chinois au Tonkin et éviter ainsi toute méprise.

« Proclamation adressée par le colonel commandant le 2ᵉ territoire à la population pour la prévenir qu'au cours d'opérations qui pourraient avoir lieu sur notre frontière, contre des bandes que le maréchal Sou a chassées de *Pé-Sé*, il se pourrait que les troupes régulières chinoises soient appelées à agir momentanément de ce côté de la frontière, en attendant l'arrivée des troupes du Protectorat. Dans ce cas, les habitants ne devront pas s'effrayer ; les officiers chinois ont reçu des ordres pour faire respecter les habitants par leurs soldats. Les habitants devront donc immédiatement avertir du fait le chef français le plus proche, et, en attendant l'arrivée de nos troupes, aider les mandarins chinois, leur fournir guides et renseignements nécessaires et, au besoin, les denrées nécessaires à la nourriture des soldats contre bons signés du chef chinois, bons qui seront réglés par nos soins, après les opérations.

» En terminant, le colonel commandant exprime la certitude qu'il a que les habitants armés sauront faire bravement leur devoir, si des bandes franchissent la frontière ; qu'ils tiendront à honneur de se montrer dignes de la protection que nous leur assurons et qu'ils donneront ainsi un démenti à certains bruits qui courent, présentant quelques habitants de notre frontière comme compromis avec les pirates, à cause de la contrebande soi-disant faite en commun. »

Ces dispositions une fois prises, et le service des renseignements plus minutieusement organisé, au moyen de fonds envoyés à *Soc-Giang*, des mouvements suspects de bandes ne tardèrent pas à être signalés tant sur la frontière du cercle de *Cao-Bang* que sur celle de *Bao-Lac*.

Période d'attente.

Le 7 avril, une bande est signalée à *Nam-Bo*, venant de *Pé-Sé*. Le 8, le tri-phu de *Bao-Lac* signale 9.000 pirates à *Na-Hang* et environs.

Le 9 avril, le ly-truong de *Po-Khuy* annonçait au capitaine Flament, en reconnaissance, que 500 pirates étaient à *Hang-Trai*, et que le village de *Coué-Hiem* avait été pillé en partie.

Le 12 avril, le sergent interprète de la 15ᵉ compagnie, envoyé au marché de *Binh-Mang*, rendait compte que de grands rassemblements de pirates avaient lieu, menaçant toute la frontière du 2ᵉ territoire de *Ta-Lung* à *Yen-Minh;* que le but de ces gens sans aveu était de s'emparer de *Cao-Bang;* que ces hommes étaient à la solde d'un métis d'Anglaise et de Chinois, et que l'intention de ce métis était de se venger ainsi des Français, qui avaient fait décapiter autrefois son père à *Cho-Len*, où il était fermier des jeux.

Le 16 avril, des renseignements venus de *Dong-Van* annonçaient qu'une bande pirate, forte de 300 hommes, pillait les villages chinois voisins de la frontière, en face de *Lung-Lan*, et qu'une reconnaissance du lieutenant Debain suivait leurs mouvements. En même temps, le maréchal Sou informait par lettre le commandant du cercle de *Bao-Lac* que les pirates repoussés de *Pé-Sé* avaient franchi la frontière pour s'installer dans le phu du *Thuong-Yen*, commune de *Nhiem-Sou*.

Craignant une invasion des pirates, le commandant du cercle de *Bao-Lac* prit les dispositions suivantes le

16 avril, date à laquelle arrivait à *Bao-Lac* la 14e compagnie : Renforcement de *Lung-Lan* par 60 tirailleurs de *Dong-Van;* envoi d'une reconnaissance de 150 fusils de *Bao-Lac* sur *Coc-Pan*, avec mission de prononcer contre les bandes une attaque de flanc pendant que le lieutenant Debain, avec son renfort, exécutait l'attaque de front.

Il faut ajouter que, dès la première nouvelle de l'approche des pirates, le capitaine Trioreau avait, de sa propre initiative, dirigé sur *Lung-Lan* 20 tirailleurs, prélevés moitié sur la garnison de *Chang-Poung*, moitié sur celle de *Dong-Van*.

Malheureusement, les événements se précipitaient et, le 18 avril, au moment où tous les mouvements étaient exécutés, le poste de *Lung-Lan* avait subi l'attaque et avait succombé.

Attaque de Lung-Lan.

Voici ce qui s'était passé :

Le lieutenant Debain, dans les journées des 14 et 15, avait, sur l'avis d'un émissaire, fait diverses reconnaissances et vu défiler la bande devant lui, de l'autre côté de la frontière. Le 16, au matin, les pirates restaient immobiles dans leurs cantonnements jusqu'à 7 h. 30, moment où ils passaient la frontière. Le sergent Fradet, avec 15 partisans de Ly-Kim-Phuong et 5 tirailleurs, se porta sur la route suivie par la bande et put lui infliger des pertes tellement sérieuses que les pirates qui s'étaient présentés en masses profondes durent battre en retraite et repassèrent en Chine, emportant leurs morts et leurs blessés qui paraissaient nombreux.

Cependant d'autres colonnes pirates débouchaient en ordre dispersé, menaçant d'entourer la petite fraction du sergent Fradet ; celui-ci, malgré un renfort de 5 hommes porteurs de munitions, dut battre en retraite devant le nombre et, à 9 heures du matin, il rentrait au poste où la garnison prenait les postes de combat avec une petite fraction dispersée dans les rochers avoisinants le poste et commandée par le lieutenant Debain.

Les pirates marchaient en colonne sur le poste par la route de *Chang-Poung* en hurlant, sonnant de la trompe, agitant leurs drapeaux. Arrêtés pendant une demi-heure par le feu des tirailleurs dans un passage, à 300 mètres du poste, où la route est à découvert, les pirates changèrent de tactique et, utilisant soigneusement le terrain, exécutèrent un mouvement enveloppant autour de *Lung-Lan*, qui fut bientôt cerné.

Le lieutenant Debain profita du moment d'accalmie que lui donna l'exécution de ce mouvement enveloppant pour percer de nouveaux créneaux, rentrer des vivres et de l'eau, distribuer des munitions. Un poste de 5 hommes était installé dans les rochers du poste provisoire pour en défendre les abords.

A 10 heures du matin, à la sonnerie de la trompe, les pirates se ruèrent sur la palissade en forcenés; fusillés à bout portant et, malgré des pertes sensibles, ils répétèrent leurs assauts jusqu'à 4 heures 30 du soir. A ce moment, ils se défilèrent dans les rochers, invectivant les tirailleurs et leur demandant la tête des Européens. Jugeant dangereuse la position des 5 tirailleurs, laissés par lui dans les rochers, et qui tous étaient blessés, le lieutenant Debain les fit rentrer dans le blockhaus à 5 heures du soir.

Immédiatement, les pirates se portèrent en avant et incendièrent le poste provisoire; le feu de la garnison les força encore une fois à reculer.

La situation devenait critique, le blockhaus couvert en paillottes pouvait flamber à la moindre étincelle,

d'autant plus que des troncs de sapin, intercalés dans
le pisé, offraient un aliment facile à l'incendie. Les
tirailleurs demandaient à combattre en rase campagne
et à quitter le poste qui pouvait brûler d'un moment à
l'autre. Le lieutenant les réunit, les encouragea, et tous
reprirent leur place, résolus à se défendre jusqu'au
bout.

De 8 heures du soir à 3 heures du matin, les pirates,
voyant que le vent, loin de pousser les flammes du poste
provisoire sur le blokhaus, les en éloignait, au contraire,
essayèrent individuellement, en profitant d'un angle
mort, de mettre le feu à la toiture en y portant au bout
de longs bambous des bottillons de paille enflammée.

Le lieutenant Debain voyait le danger, mais, ne sachant où déposer les paillottes qui formaient la toiture et, ayant peur du feu à l'intérieur, il résolut de ne
pas découvrir le blockhaus et d'enlever seulement une
longueur de 3 mètres de paillottes au sud du poste pour
se ménager une sortie. A 3 heures du matin, le 17, une
botte de paille enflammée placée au coin de la toiture
y mettait le feu; celle-ci s'effondrait, transformant le
poste en fournaise.

Les défenseurs se réfugièrent vers la petite fenêtre
du blockhaus située au sud. Le lieutenant Debain et
le sergent Fradet tentèrent de faire passer les tirailleurs un à un ; malheureusement les femmes réfugiées
dans le poste, complètement affolées, engagèrent une
lutte pour s'enfuir et barrèrent l'issue.

Réunissant ses hommes, le lieutenant Debain leur
donna comme point de rassemblement la pagode du
village qu'il supposait libre, puis invita le sergent Fradet à passer le premier par la partie du toit où la pail-
lotte était enlevée. Le sergent Fradet ne comprit pas
l'ordre, crut que le lieutenant, comptant sur sa force
peu commune, attendait de lui de renverser la porte,

s'y précipita la crosse en avant; une poutre s'abattit sur lui et il disparut dans la fournaise. Le croyant mort, le lieutenant, avec le reste du détachement, escalada le mur, fit sauter les tirailleurs un à un, puis quitta le poste le dernier, le casque flambant sur la tête ; deux femmes et un enfant restaient asphyxiés dans le blockhaus. La fusillade accueillit les défenseurs au moment où ils traversèrent l'espace découvert qui entoure le poste, puis la chasse à l'homme commença. Le lieutenant Debain donna tête baissée dans un groupe de pirates; saisi par le cou, il put se débarrasser de son agresseur d'un coup de mousqueton dans la figure et gagner la brousse. Les tirailleurs ne purent pas se rendre à la pagode, point de ralliement ; celle-ci était occupée par les pirates.

Rejoint par deux tirailleurs, le lieutenant Debain erra toute la journée dans la campagne, cherchant à rallier ses hommes ; de mamelons en mamelons, égaré, le lieutenant finit par arriver de nuit à *Méo-Vac ;* le 18, il arrivait à *Dong-Van,* épuisé de faim et de fatigue, blessé à la jambe, brûlé profondément au cou et aux deux mains.

Les autres tirailleurs, poursuivis par les pirates, parvinrent à rallier soit le renfort amené le 17 par le capitaine Trioreau, soit le chef de partisans Ly-Kim-Phuong et à rejoindre ainsi leur compagnie.

L'affaire de *Lung-Lan* nous coûtait 5 tirailleurs tués, 3 tirailleurs disparus, 9 tirailleurs blessés, le sergent Fradet et le lieutenant Debain blessés, un tirailleur fait prisonnier qui s'évada depuis, et de nombreux partisans morts ou blessés.

Munitions consommées, 4.659 ;

Cartouches disparues, 960 ;

Mousquetons, 11 ;

Baïonnettes, 30.

Les pirates, de leur côté, avaient payé cher leur succès.

Le sergent Fradet, recueilli par le chef méo Ly-Kim-Phuon, rejoignit dans la suite avec 7 tirailleurs.

Dans cette affaire, les partisans des environs avaient courageusement fait leur devoir; après avoir lutté contre les pirates dans la matinée, ils continuèrent à les attaquer jusqu'au moment de l'incendie du poste; croyant alors tout perdu, ils se retirèrent dans leurs montagnes vers *Sou-Vi;* harcelés par les pirates, ils eurent à lutter encore toute la journée du lendemain.

Pendant que ces événements se déroulaient à *Lung-Lan*, les garnisons voisines prévenues ne restaient pas inactives ; les dispositions prises furent les suivantes :

Renforcement de *Nam-Quett* et *Coc-Pan* par une demi-section de la 14e compagnie du 3e tonkinois, qui arrivait à *Bao-Lac;* envoi d'urgence de *Coc-Pan* d'une reconnaissance de 150 fusils des 13e et 14e compagnies, 2 officiers, un médecin, sous les ordres du capitaine Dereix, de la 13e compagnie du 3e tirailleurs tonkinois ;

Concentration à *Bao-Lac* de la section de la 8e compagnie, cantonnée à *Dong-Mu*, et de deux sections de la 6e compagnie du 3e tonkinois, demandées à *Cho-Ra* par estafette. Renforcement de *Dong-Van* par une section prélevée sur la garnison de *Yen-Minh*.

Marche du capitaine Trioreau au secours de Lung-Lan.

D'autre part, le capitaine Trioreau, prévenu télégraphiquement par *Coc-Pan*, le 16, à 7 h. 30 du soir, de l'attaque de *Lung-Lan*, partit immédiatement, à 8 h. 30, avec le lieutenant Hégelbacher pour *Chang-Poung*, où il arriva à 1 heure du matin. Là, faisant prendre les armes aux 60 tirailleurs envoyés la veille de *Dong-Van* pour renforcer *Lung-Lan*, et leur adjoignant quelques hommes pris sur la garnison de *Chang-Poung*, le capitaine Trioreau constituait une colonne mobile de 77 tirailleurs.

Le renforcement de *Dong-Van* par une section venue de *Yen-Minh* et par des partisans, celui de *Chang-Poung* par 25 tirailleurs envoyés de *Dong-Van*, donnaient au capitaine Trioreau une grande liberté de mouvement dont il profita aussitôt.

La colonne s'engagea sur la route de *Lung-Lan*, le 17, à 1 h. 30 du matin; la nuit était très sombre, la route abîmée par des orages des jours précédents, la marche fut lente et pénible. Le capitaine Trioreau arriva au col de Phin-Lo, à 9 heures du matin, n'ayant rencontré sur sa route que trois partisans, qui lui dirent qu'ils avaient entendu des coups de fusil dans la direction de Lung-Lan toute la journée du 16 et une partie de la nuit. Le col de *Phin-Lo* était libre, la colonne le franchit ; à quelques centaines de mètres plus loin, le capitaine aperçut le poste de *Lung-Lan*, le blockhaus était debout; on reconnaissait que le poste provisoire avait été incendié, mais il était impossible de distinguer si la garnison occupait encore Lung-Lan ou si, au contraire, les pirates l'avaient enlevée.

Ne voulant pas s'engager sans une reconnaissance préliminaire, désireux de garder sa liberté d'action et sachant que des renforts, envoyés de *Coc-Pan*, allaient arriver le 18, par la route de Chine, le capitaine Trioreau se lança dans le massif rocheux, au sud de la route, pour se rapprocher autant que possible du blockhaus, tout en demeurant sur les crêtes qui le dominent. A peine engagée dans cette direction nouvelle, la colonne eut à subir le feu d'un poste pirate qui, placé sur un mamelon, gardait la route de *Chang-Poung*, en même temps les trompes se faisaient entendre du côté de *Lung-Lan*. Plaçant un petit poste, avec le sergent Bazin, pour assurer sa retraite en cas d'éventualité, le capitaine Trioreau fit exécuter quelques feux de salve contre le poste pirate, non pour l'atteindre, mais pour signaler son arrivée à la garnison de *Lung-Lan,* puis poussa la colonne en avant sans plus s'inquiéter du petit poste ennemi qui continuait à lui envoyer des balles.

Le poste de *Lung-Lan* ne donnait pas signe de vie; les tirailleurs marchaient depuis dix heures sans repos et la marche à travers les mamelons commençait à les fatiguer. Aussi, le capitaine Trioreau résolut de prendre une position d'attente défilée pendant que le lieutenant Hégelbacher se portait sur les hauteurs dominant le poste, vers la route de *Sou-Vi,* avec mission de reconnaître l'état du poste.

Vers midi, le lieutenant rentrait, rendant compte que le poste était brûlé, que les pirates l'occupaient et que les feux qu'il avait dirigés sur le blockhaus lui avaient amené une riposte nourrie partant du village de *Lung-Lan,* occupé par de nombreux pirates. Il rentrait, sa mission terminée, et n'ayant été que mollement poursuivi.

Il devenait évident que le poste avait été enlevé; mais qu'était devenue la garnison? Dans l'incertitude, le capitaine Trioreau occupa d'abord un piton rocheux très escarpé, d'où l'on aperçoit très bien le terrain environnant. La position était excellente pour le tir; le feu fut ouvert sur *Lung-Lan;* les pirates y répondirent sans causer de mal à la colonne.

Cependant la position était défectueuse au point de vue tactique, elle pouvait être tournée facilement, l'eau faisait défaut et, d'autre part, l'arrivée de renforts par *Coc-Pan* et la Chine, devenant inutile une fois *Lung-Lan* pris, paraissait improbable; en outre, des groupes pirates étaient signalés sur les derrières de la colonne; le capitaine Trioreau abandonna alors le piton rocheux et se retira sur le mamelon où se trouvaient, depuis le matin, le sergent Bazin et quelques hommes.

Les groupes signalés sur les derrières étaient des patrouilles de partisans qui vinrent se joindre à la colonne.

Munitions consommées : 852 cartouches.

En même temps, un tirailleur de *Lung-Lan* rejoignait sa compagnie, dont les coups de fusils lui avaient appris l'approche.

Une demi-heure après, arrivait le sergent indigène du poste de *Lung-Lan*, envoyé par le lieutenant Debain, le 16 au matin, à la rencontre des dix hommes de renfort dirigés de *Chang-Poung* sur *Lung-Lan*, avec la solde du détachement. Ce sergent, en rentrant à *Lung-Lan*, le 16, avait trouvé le poste bloqué; il était alors allé mettre la solde en sûreté dans les rochers; puis, la nuit tombée, était venu avec ses dix tirailleurs, faire des feux de salve dans le dos des pirates et, enfin, après l'incendie du poste, croyant les tirailleurs pris ou brûlés, il s'était caché et attendait la nuit pour rentrer à *Chang-Poung*, car il supposait la route coupée.

Entendant des coups de feu, il rejoignait la compagnie.

La nuit approchait; le capitaine Trioreau forma le bivouac, fit garder les deux cols en avant et en arrière de sa position par les partisans et put passer une nuit assez tranquille.

Un autre tirailleur, échappé de *Lung-Lan*, rejoignit dans la soirée.

Le 18, à 4 heures du matin, les pirates défilaient à la lueur des torches sur la route de *Mi-Lean*. A 6 heures, une reconnaissance, commandée par le lieutenant Hegelbacher, dirigée sur le village de *Lung-Lan*, reconnut qu'il était abandonné; quant au poste, tout y était brûlé ; à l'intérieur, des cadavres carbonisés impossibles à reconnaître ; deux cadavres de tirailleurs étaient au pied du poste ; un tirailleur tué et un grièvement blessé furent retirés d'un gouffre; le caporal 3-T 1310, horriblement brûlé, et deux autres blessés rejoignirent encore la reconnaissance pendant que d'autres tirailleurs rejoignaient au bivouac le capitaine Trioreau. Les pirates avaient quitté le Tonkin ; aussi, après un premier pansement aux blessés, le capitaine Trioreau résolut de regagner *Chang-Poung*, où il arriva le 18 avril, à 10 h. 30 du soir, ayant laissé au col de *Phin-Lo* 30 hommes et un sergent indigène pour enterrer les morts et rallier les tirailleurs qui auraient pu errer encore dans les environs.

Pendant que le capitaine Trioreau courait au secours de *Lung-Lan*, la reconnaissance du capitaine Deriex arrivait à *Coc-Pan*, le 17 avril. Là, le commandant de la reconnaissance apprenait l'enlèvement de *Lung-Lan* et était averti que les pirates cherchaient à gagner vers l'est, dans le but possible d'attaquer *Coc-Pan* ou *Nam-Quett*, puis de tenter un coup de main sur *Bao-Lac*.

Sans nouvelles du capitaine Trioreau, craignant une attaque sur *Coc-Pan*, le capitaine Deriex résolut d'attendre à *Coc-Pan* les renseignements sur le mouvement des pirates et fit surveiller étroitement le massif du *Lung-Men*, où il était à craindre que la bande ne s'installât solidement.

D'autre part, une bande de 800 hommes, signalée à *Na-Mo*, menaçait plus directement *Nam-Quett;* la situation de la place de *Bao-Lac* pouvait devenir critique. Le colonel commandant le territoire ne fut prévenu que le 18 avril des événements qui venaient de se dérouler dans le cercle de *Bao-Lac*, les communications télégraphiques ayant été coupées entre *Cao-Bang* et *Bao-Lac* à la suite d'un orage.

Dispositions prises par le colonel commandant
le territoire.

Dès la réception de ces nouvelles, les ordres suivants furent donnés :

1° Constitution à *Bao-Lac* d'une petite colonne volante destinée à prendre contact avec les pirates, sans toutefois s'engager à fond si la colonne ne se sent pas en force.

Cette colonne volante serait composée au moyen des renforts des 8e, 14e et 6e compagnies, arrivées à *Bao-Lac*, diminuées des effectifs nécessaires à porter à une section la garnison des postes de *Nam-Quett* et de *Coc-Pan*. Cette colonne comprendrait, en outre, par ordre du général en chef, un peloton du 4e bataillon d'Afrique, venu de *Ha-Giang*, et un peloton de la 6e compagnie de légion, venu de *Cao-Bang*.

2° Constitution, vers *Soc-Giang* d'une colonne mobile, divisée en deux parties ; 4e compagnie, concentrée à *Bo-Gai;* 15e compagnie, concentrée à Soc-Giang, sous les ordres du commandant Lamotte. Une section d'ambulance, docteur Lejonne, se constituait, prête à gagner *Soc-Giang.* En outre, ordre était donné à la 7e compagnie de légion, à *That-Khé*, et à une section de la 5e compagnie du 3e tirailleurs tonkinois, à *Dong-Khé*, de rallier aussitôt *Cao-Bang.* Le commandement aurait ainsi un noyau de troupes prêt à se diriger rapidement sur le point menacé. Une réserve de munitions était arrivée à *Soc-Giang*.

D'autre part, le dé-doc de la province, avec ses partisans, quittait *Cao-Bang* pour aller battre l'estrade entre *Soc-Giang* et *Nam-Nhung*, tenir la route qui relie ces deux postes et renseigner sur les mouvements des bandes.

La situation semblait se gâter aussi du côté de *Binh-*

Mang. Les renseignements venus de *Soc-Giang* annonçaient l'invasion imminente de la haute vallée du *Song-Bang-Giang* par des bandes.

Les renseignements venus de *Bao-Lac* indiquaient que la bande qui avait attaqué *Lung-Lan* s'installait dans le *Lung-Men*, envoyant des reconnaissances dans la plaine vers *Van-Vai*, coupant les lignes télégraphiques, s'avançant même jusqu'à deux heures de marche de *Bao-Lac*.

Il était à craindre que la bande n'organisât fortement le massif presque impénétrable de *Lung-Men*.

Le colonel commandant le 2ᵉ territoire résolut de se porter au point menacé.

Le 20 au matin, le peloton de la 6ᵉ compagnie de légion, capitaine Bonnelet, lieutenant Renouard, 50 fusils, quittait *Cao-Bang* à destination de *Bao-Lac*.

Le 21, le colonel commandant le territoire se disposait à doubler l'étape pour rejoindre, à *Nguyen-Binh*, le peloton du capitaine Bonnelet et gagner *Bao-Lac*, lorsqu'un télégramme du commandant Bernard arrivait à deux heures après-midi, annonçant que les pirates avaient évacué le *Lung-Men*, fait leur jonction avec la bande de Ya-Ma et semblaient vouloir se diriger vers *Soc-Giang*. Les dispositions prises furent les suivantes :

Ordre au capitaine Bonnelet de se rabattre, par *Nguyen-Binh*, *Tap-Na*, *Trung-Trang*, sur *Bo-Gai*.

Ordre au commandant Bernard de lancer sa colonne volante le long de la frontière, par *Dong-Mu* et *Lung-Mat*.

Ordre au commandant Lamotte de se rendre à *Bo-Gai*, d'y prendre le commandement des forces réunies, d'organiser un service de patrouilles, de reconnaissances et d'émissaires et de ne prononcer un mouvement décisif que lorsqu'il serait définitivement fixé sur la position de la bande.

De sa personne, le colonel commandant le 2ᵉ territoire se dirigeait sur *Soc-Giang* pour essayer d'avoir une entrevue avec le maréchal Sou, alors à *Tien-Peyen*, et être fixé sur les intentions de ce mandarin et sur les mouvements des bandes.

Le 21 au soir, le colonel commandant le territoire arrivait à *Nuoc-Haï*, avec les 15 linhs-co à cheval d'escorte, le lieutenant Tonnot, son officier de renseignements ; il y trouvait le docteur Lejonne et la section d'ambulance.

En route, le commandant Lamotte avertissait le colonel qu'une bande cantonnée à *Binh-Mang* devait franchir la frontière dans la nuit.

Dès réception de cet avis, le colonel le transmit, par deux cavaliers, au sergent Nithard, commandant le poste de *Mo-Xat*, en lui disant de renforcer son poste, avec des partisans. Les deux cavaliers devaient pousser, le lendemain au jour, sur *Soc-Giang*, pour annoncer l'arrivée du colonel.

Entrée au Tonkin d'une deuxième bande.

Le 22, au matin, le colonel avec son officier de renseignements et l'ambulance, quittait *Nuoc-Haï*, accompagné par le lieutenant Dufor. Arrivé à *Mo-Xat*, vers 9 heures du matin, le colonel recevait par les deux cavaliers dont il est parlé plus haut, revenus de *Soc-Giang* au galop, l'avis qu'une bande de plus de 500 hommes avait franchi la frontière au jour à *Hoa-Moc*, puis se dirigeait rapidement sur *Mo-Xat, Nuoc-Haï* et *Cao-Bang*.

Le sergent commandant le poste de *Mo-Xat* rendait compte, en outre, qu'un renfort de 15 tirailleurs de la 1ʳᵉ compagnie lui avait été envoyé de *Soc-Giang*, pendant la nuit du 21 au 22, par le commandant Lamotte et que ce renfort avait reçu des coups de fusils entre *Soc-Giang* et *Mo-Xat*.

Les dispositions prises par le colonel sont alors les suivantes :

Ordre est donné au lieutenant Dufor, qui avait accompagné le colonel, de rejoindre son poste le plus vite possible ;

Ordre aux linhs-co à cheval d'escorte de renforcer *Mo-Xat* avec leurs 15 carabines ;

Ordre au sergent Nithard, qui connaît bien la région, de partir, avec quelques tirailleurs et quelques linhs-co et des partisans, en reconnaissance dans la vallée de l'affluent de gauche du *Song-Bang-Giang*, qui débouche vers *Mo-Xat*, avec recommandation expresse de ne pas s'engager et de renseigner.

Vers 9 h. 30, un nouveau renfort, envoyé de *Soc-Giang*, arrive à marche forcée à *Mo-Xat*, capitaine Flament, lieutenant Reydellet, 50 tirailleurs, 15° compagnie, 15 partisans.

A 12 h. 30, le sergent Nithard rend compte que l'avant-garde de la bande pirate est au marché de *Tinh-Hoa*, que le gros a dépassé *Dao-Ngau* et que des coups de fusils ont été échangés à *Dao-Ngau* entre partisans et pirates. Un pirate a été pris par les partisans, avec un fusil 1874 et 50 cartouches.

Il devient donc probable que *Mo-Xat* ne sera pas attaqué et que les pirates essaieront un coup sur *Nuoc-Haï*.

A 2 h. 30 du soir, la reconnaissance du sergent Nithard rendait compte que la bande comptait 400 hommes et coucherait à *Dai-Lai*.

A 4 h. 30, la bande de *Dao-Ngau* est comptée par les habitants; elle a 100 fusils et 200 hommes; elle hâte sa marche sur *Nuoc-Haï*.

A 5 heures, le colonel apprend qu'une reconnaissance

de 30 tirailleurs de la 1re compagnie avec l'adjudant de Léotard, le tri-chau de *Soc Giang* et environ 60 partisans, marche dans les traces de la bande.

Il devient de plus en plus probable que *Mo-Xat* ne sera pas attaqué et que *Nuoc-Haï* est l'objectif de la bande, dont l'effectif n'est pas connu. Le colonel prend alors les dispositions suivantes :

Attendre la reconnaissance de l'adjudant de Léotard et le tri-chau de *Soc-Giang;* puis se diriger rapidement sur *Nuoc-Haï* pour renforcer le poste et prendre les pirates à revers. Des trams sont envoyés à *Mo-Xat,* porteurs des ordres suivants :

Au capitaine Bonnelet, en marche sur *Tap-Na* et *Trung-Trang,* de se rabattre sur *Nuoc-Haï ;* au peloton de la 7e compagnie de légion, capitaine Forrey, à *Cao-Bang,* de partir renforcer *Nuoc-Haï.* Le tram porteur de cet ordre ne put arriver assez tôt à *Cao-Bang,* mais le mouvement fut exécuté quand même sur l'initiative du commandant Roux.

Opérations autour de Nuoc-Haï.

Malheureusement, la reconnaissance de l'adjudant de Léotard et du tri-chau de *Soc-Giang* n'arriva qu'à une heure de la nuit à *Mo-Xat ;* les hommes étaient exténués, le colonel ne put quitter *Mo-Xat* que le 23, au jour ; la colonne se composait, outre le colonel et l'officier de renseignements, de 50 tirailleurs, 15e compagnie, capitaine Flament, lieutenant Reydellet, 30 tirailleurs, 1re compagnie, adjudant de Léotard, 15 linhs-co à cheval, 60 partisans avec le tri-chau de *Soc-Giang,* une section d'ambulance avec le docteur Lejonne.

En route, des renseignements alarmants furent recueillis : les pirates, au nombre de 600, avaient enlevé *Nuoc-Haï,* le lieutenant était en fuite, etc..... En revanche, aucun détail n'était donné sur les mouvements de la bande.

Dans l'incertitude, le colonel fit reconnaître le défilé très dangereux de *Deux-Ponts ;* il était libre, la colonne s'y engagea vers 8 heures du matin. Au sommet, on aperçoit *Nuoc-Haï ;* aucun mouvement n'était signalé aux environs et aucune nouvelle de la garnison.

Les partisans furent envoyés en avant et revinrent vers 2 heures, annonçant que la route était libre et que *Nuoc-Haï* avait résisté victorieusement.

En même temps, le colonel recevait une lettre du lieutenant Dufor confirmant les renseignements apportés par les partisans et ajoutant que les pirates étaient passés sur la rive droite du fleuve et que *Nuoc-Haï* avait été renforcé par un peloton de légion du capitaine Forey et 20 hommes de la 8e compagnie de légion, avec le lieutenant Belouin.

Des groupes avaient été aperçus par la colonne, vers midi, sur les hauts mamelons qui bordent la rive droite du *Song-Bang-Giang.* On espérait que c'était le peloton du capitaine Bonnelet. D'après la lettre du lieutenant Dufor, il devenait évident que c'était des groupes pirates.

La colonne se dirigea alors immédiatement sur *Nuoc-Haï.*

Ayant reçu avis que le capitaine Bonnelet ne pouvait opérer sa jonction, parce qu'il arrivait par *Mo-Xat,* l'intention du colonel était la suivante : pour arriver à composer une colonne mixte, prendre à *Nuoc-Haï* un renfort de 40 Européens, passer le fleuve avant la tombée de la nuit, puis aller menacer, par une marche de nuit, la bande démoralisée en position sur le *Cau-Ahn.* La colonne arriva vers 5 heures à *Nuoc-Haï ;* la journée était très chaude; le sergent Coste, de la 1re compagnie du 3e tirailleurs tonkinois, mourut presque dès l'arrivée d'une insolation et de fatigue. Le temps de rassembler les coolies nécessaires pour le transport des vivres du détachement européen, la nuit était venue.

La colonne, grossie de 40 légionnaires, sous les ordres du lieutenant Belouin, se mit en route vers 8 heures du soir, traversa le gué assez profond et se massa peu à peu dans les rizières qui bordent immédiatement le *Song-Bang-Giang* ; des fractions avaient été laissées sur la rive gauche pour protéger le passage.

Les partisans essayèrent de s'engager dans le village où aboutit le gué ; quelques maraudeurs pirates, surpris en train de décortiquer du riz pour la bande, leur envoyèrent quelques coups de fusils auxquels les partisans répondirent. Croyant à une attaque de la colonne par les pirates, les fractions postées sur la rive gauche ouvrirent le feu; les fractions massées sur la rive droite tirèrent aussi. Pendant quelques minutes ce fut une fusillade générale. Heureusement il n'y eut ni tué ni blessé; seul, un tirailleur eut à la lèvre une légère blessure causée par le passage d'une balle.

L'opération était manquée. Le colonel résolut alors de faire repasser le gué aux fractions engagées sur la rive droite, et la colonne alla bivouaquer à 7 kilomètres de *Nuoc-Haï*, à l'embranchement des deux routes de *Cao-Bang*, pour pouvoir se porter rapidement sur cette place, si les pirates, exécutant leur plan, y essayaient un coup de main.

Munitions consommées : 317 cartouches.

La nuit se passa tranquillement ; le 24, au matin, la colonne se disloquait ; les nouvelles venues du capitaine Bonnelet faisaient connaître que cet officier, trompé par un guide, se dirigeait sur *Nuoc-Haï* par *Mo-Xat;* il lui était donc impossible de prendre à revers les pirates au *Cau-Ahn*.

Les tirailleurs rentraient à *Cao-Bang* pour organiser

un convoi de vivres et de munitions, et la légion regagnait *Nuoc-Haï*.

Une colonne, pour parer aux événements, allait être organisée. De retour à *Nuoc-Haï*, le colonel apprit en détail les événements qui s'y étaient passés le 22 et le 23 avril.

Attaque de Nuoc-Haï.

Le lieutenant Dufor, à l'annonce de l'invasion des pirates, avait quitté *Mo-Xat*, où il avait accompagné le colonel commandant le territoire, et regagnait à grande allure son poste lorsqu'à *Deux-Ponts* les pirates, postés sur un mamelon voisin, l'accueillent par des coups de fusils qui ne l'arrêtent pas et ne l'atteignent ni lui ni son escorte. Dès son arrivée à *Nuoc-Haï*, vers 10 heures du matin, le lieutenant Dufor organise la défense du poste ; à 3 h. 45 du soir, la colonne pirate débouche en ordre de marche sur la route de *Soc-Giang* à *Cao-Bang*, à 1.500 mètres de *Nuoc-Haï*. La garnison prend position dans l'enceinte du poste dont la porte est fermée.

Quelques partisans sont réunis dans la maison du tri-phu de *Tach-Lam*. Vers 4 heures du soir, la colonne tout entière se présentait bien. (On y comptait distinctement 100 hommes armés et 100 sans armes.) Le lieutenant Dufor fait ouvrir le feu par salves; les distances étant repérées, une dizaine de pirates tombent. Les autres se forment en ordre très dispersé et, utilisant le terrain, arrivent à se masser hors des vues du poste derrière les habitations toutes évacuées du marché de *Nuoc-Haï*.

A ce moment, un groupe de partisans, sous les ordres du bang-ta de *Nuoc-Haï* prend position dans un pagodon proche de l'habitation du tri-phu et ouvre sur les pirates un feu qui, les prenant d'écharpe, les força à quitter l'abri des habitations du marché. Les pirates traversent alors le *Song-Bang-Giang* sous le feu du poste et éprouvent quelques pertes pendant ce mouvement. Ils vont s'abriter au village de *Coc-Niou* et dans les champs de canne à sucre environnants.

Le feu des pirates n'a causé aucun mal aux défenseurs de la garnison.

A 6 h. 30, le feu cesse de part et d'autre; la garnison prend un repas sommaire et rentre dans le blockhaus où elle se barricade. Les défenseurs comptent, outre le cadre européen, lieutenant Dufor, sergent Dillenseger, caporal Girardin, un sergent interprète de tirailleurs tonkinois, 26 linhs-co et une dizaine de partisans.

A 8 heures du soir, des feux de salve retentissent dans la direction de *Cao-Bang*, venant probablement d'une troupe de secours.

Le 23 avril, à 1 heure du matin, la fusillade retentit tout autour de l'enceinte du poste de *Nuoc-Haï*, que les pirates ont pu entourer à la faveur de l'obscurité profonde. Puis, les assaillants, dont le nombre semble avoir grossi, se précipitent au son des trompes à l'assaut de la palissade qu'ils attaquent à coups de coupe-coupe. Le feu rapide, exécuté du blockhaus, parvient au bout d'une demi-heure à repousser l'attaque ; le silence se rétablit.

A 2 heures du matin, nouvel assaut, qui a le même sort que le premier.

A 3 heures, les pirates essayaient un troisième assaut plus acharné que les deux autres ; la palissade, coupée à hauteur de la porte, livre passage à deux pirates qui tombent morts aussitôt. Le feu calme et bien dirigé qui part du blockhaus arrête encore cette attaque et, à 4 h. 30, aux premières lueurs de l'aube, tout est fini; les pirates repassent le *Song-Bang-Giang*. Du côté français, aucun tué ni blessé ; les pirates laissent aux environs du poste 33 cadavres et emmènent de nombreux blessés. Ils abandonnent, en outre, un mousqueton de gendarmerie, un fusil à tabatière et environ 300 cartouches (Remington et modèles divers).

Munitions consommées : cartouches 79/83, 3.459 ; cartouches 86, 371.

Vers 6 h. 30 du matin, un peloton de la 7e compagnie de légion arrivait à *Nuoc-Haï*, sous les ordres du capitaine Forey. Cette troupe, envoyée de *Cao-Bang*, le 22 avril, vers 5 heures du soir, au secours de *Nuoc-Haï*, arrivait à 8 heures du soir au pont situé au treizième kilomètre, c'est-à-dire à 1 kil. 500 de *Nuoc-Haï*. L'obscurité était profonde ; la troupe, à peine engagée sur le pont, eut à subir une vigoureuse fusillade partant des bords du ruisseau à 5 ou 6 mètres du pont ; en quelques secondes le partisan qui servait de guide et un légionnaire étaient tués. Le feu était ouvert sur les assaillants. Le capitaine Forey était atteint d'une légère blessure au côté droit des reins et le soldat Lutze blessé plus gravement à l'épaule. Poussant ses hommes en avant, le capitaine Forey put reprendre le corps du légionnaire mort, retrouver sa caisse de fonds abandonnée par les coolies, puis, comme son guide était tué, et qu'il ne connaissait pas le pays, il se plaça dans une position d'attente entre les kilomètres 12 et 13. Au jour, il se mettait en marche et atteignait *Nuoc-Haï* vers 6 h. 30.

Munitions consommées : 397 cartouches .

Un peu plus tard, le lieutenant Belouin, envoyé de *Cao-Bang*, arrivait à *Nuoc-Haï* avec des vivres, un renfort de 20 fusils et ayant vu, à 2 kilomètres de lui, la bande pirate traverser le fleuve et gagner le massif du *Cau-Ahn*.

Entrée dans le cercle de Cao-Bang de la bande de Lung-Lan.

Rentré à *Nuoc-Haï*, le 24 avril au matin, le colonel reçut divers renseignements. La bande venue de *Lung-Lan* garnissait notre frontière vers *Bo-Gai*, les trams envoyés de *Soc-Giang* sur *Bo-Gai* avaient été enlevés. L'entrée des pirates au Tonkin par *Bo-Gai* devenait imminente. D'autre part des renforts importants étaient envoyés à la disposition du colonel commandant le territoire par le général commandant en chef les troupes de l'Indo-Chine : 2 sections d'artillerie, 9° et 12° compagnies de légion, avec le commandant Farret, 7° et 8° compagnies du 2° tonkinois étaient dirigées sur *Cao-Bang*. 6 sections des 3° et 6° compagnies du 4° tonkinois et une compagnie du bataillon d'Afrique marchaient sur *Bao-Lac*. Il devenait alors possible d'organiser une colonne sérieuse sans dégarnir les postes.

Le 24 avril, des télégrammes venus de *Nguyen-Binh* annonçaient au colonel que la bande qui avait attaqué *Nuoc-Haï* avait pillé le village de *Ra-Quang* le 24 avril, puis qu'une autre bande, formée d'environ 300 hommes, était arrivée de Chine à *Trung-Trang* le 24 avril, à 10 heures du soir.

Le capitaine Lefort s'était mis le 24, avec 60 fusils, tirailleurs pris à *Bo-Gai* (20, 1re compagnie ; 40, 4° compagnie), à la poursuite de la bande, mais il ne put l'atteindre. Ne voulant pas trop s'éloigner de *Bo-Gai*, qui était dégarni, il rentra au poste le 24 au soir.

Le 25, *Nguyen-Binh* signalait que le poste de *Tap-Na*, occupé par des partisans, avait été attaqué, pris et brûlé, le 25 au matin, par une bande de 300 fusils venant de *Trung-Trang*. (Les partisans n'ont fait qu'une faible résistance. Ils ont presque aussitôt abandonné le poste.) En outre, une autre bande, de force inconnue, était à *Lung-Giao* depuis le 24 avril au soir.

Le commandant Roux avait, dès réception de ces nouvelles, envoyé à *Nguyen-Binh* un groupe mixte de renfort comprenant 30 légionnaires, 8e compagnie, capitaine Duranthon, et 40 tirailleurs de la 5e compagnie du 3e tirailleurs tonkinois, lieutenant Bourdeau.

Le capitaine Bonnelet était, sur les entrefaites, rentré à *Cao-Bang*, le 25 au matin.

Pendant ces opérations, la 15e compagnie et le capitaine Flament, qui avaient été au ravitaillement à *Cao-Bang*, se dirigeaient sur le *Soc-Giang*, avec un convoi de vivres et de munitions.

Le colonel se rendit aussitôt à *Cao-Bang* pour y rassembler les renseignements et prendre les mesures que nécessitait l'entrée au Tonkin d'un bande nouvelle.

Situation le 26 avril.

Le 26 avril, la situation était la suivante : les deux bandes pirates avaient abandonné *Lung-Giao* et *Tap-Na*, et s'étaient concentrées à *Bo-Gia;* leur effectif total était apprécié différemment les estimations variant de 500 à 1.100 hommes. D'après d'autres renseignements, les bandes, après leur jonction, continuaient à occuper *Tap-Na*.

Les troupes françaises étaient ainsi réparties : à *Bo-Gai*, outre la garnison normale (1 section, 1re compagnie, 3e tirailleurs tonkinois), lieutenant Nypels, se trouvaient concentrés deux sections et demie de la 4e compagnie du 3e tirailleurs tonkinois, capitaine Lefort ; 150 fusils des 8e et 13e compagnies du 3e tirailleurs tonkinois, sous les ordres du capitaine Gérard ; 60 fusils de la 6e compagnie du 3e tirailleurs tonkinois, sous les ordres du lieutenant Silve.

A *Soc-Giang*, outre la garnison normale (deux sections de la 1re compagnie du 3e tirailleurs tonkinois), était concentrée la 15e compagnie du 3e tirailleurs tonkinois, capitaine Flament.

A *Nuoc-Haï*, le lieutenant Dufor et ses linhs-co, le capitaine Forey avec un peloton de la 7e compagnie de légion, une section de la 8e compagnie de légion avec le lieutenant Belouin.

A *Cao-Bang* étaient réunis : 1 peloton, 7e compagnie légion, lieutenant Lambert; la 6e compagnie de légion, capitaine Bonnelet; le dépôt de la 15e compagnie de tirailleurs, lieutenant Duhamel; une section de la 8e compagnie de légion.

A *Nguyen-Binh*, outre la garnison de 30 linhs-co, renforcée d'une demi-section de la 4e compagnie du 3e tirailleurs tonkinois, lieutenant Guillermeau, 30 hommes de la 8e compagnie de légion, capitaine Duranthon; une section, 5e compagnie, 3e tirailleurs tonkinois, lieutenant Bourdeau.

Les renforts annoncés par le général en chef pressaient leur marche tant sur *Cao-Bang* que sur *Bao-Lac*. Une section d'artillerie, lieutenant Guegen, arrivait le 26 dans la nuit à *Cao-Bang* avec une section de la 12e compagnie de légion, capitaine Fesch.

Les autres renforts, 9e compagnie de légion, section d'artillerie et 2 compagnies de tirailleurs, s'échelonnaient sur la ligne d'étapes.

Le colonel prit alors les dispositions suivantes :

Constitution à *Cao-Bang* d'une réserve de 1.500 coolies, fournis par les secteurs sous la responsabilité des autorités indigènes ; ils sont encadrés par des doï et des caï choisis par les mêmes autorités, et, de la sorte, tous les mouvements de troupes pourront avoir lieu instantanément.

Constitution à *Nguyen-Binh* d'une réserve de vivres ainsi qu'à *Mo-Xat*.

Comme les renseignements variaient sur la force et l'emplacement de la bande, il y avait lieu de faire prendre d'urgence le contact par une sérieuse reconnaissance de troupes régulières, et, comme les effectifs disponibles n'étaient pas suffisants pour permettre une attaque décisive, cette reconnaissance devait simplement obtenir des renseignements sur les bandes, tenir le contact, gêner le ravitaillement des pirates, les harceler sans s'engager à fond, à moins toutefois que les circonstances ne lui permettent de brusquer le mouvement.

Constitution de la colonne du commandant Roux.

Cette reconnaissance, sous les ordres du commandant Roux, partirait de *Nguyen-Binh* et gagnerait la vallée de *Dze-Rao*, où les pirates semblaient s'installer. De plus, deux autres fractions partiraient, l'une de *Bo-Gai* et l'autre de *Mo-Xat*, pour barrer aux pirates la sortie soit vers la Chine, soit vers le *Song-Bang-Giang*.

Tous ces détachements avaient pour mission de se relier les uns aux autres, de tenir le contact avec les pirates, de gêner le ravitaillement, de laisser l'initiative de l'attaque, s'il y avait lieu, à la colonne du Sud et de barrer la route aux pirates s'ils manifestaient l'intention de fuir. En outre, tous avaient reçu l'ordre, en cas de fuite de l'ennemi, de s'élancer immédiatement à sa poursuite, sans attendre d'ordres, mais en avertissant toutefois les groupes voisins.

Le but de ces mouvements était en somme de préparer l'attaque décisive que l'arrivée des renforts et la constitution d'un nouveau groupe permettraient de réaliser vers le 1ᵉʳ ou le 2 mai. En outre, comme certains renseignements faisaient craindre que la bande pirate, par une marche rapide vers le Sud, ne se dirigeât sur *Yen-Lac* par le *Xuat-Tinh* et *Pac-Boc*, le colonel fit renforcer ce dernier poste avec mission de barrer la route du Sud aux pirates qui auraient pu échapper à la colonne volante du commandant Roux.

D'après les ordres donnés le 27 avril, la colonne du commandant Roux, dont le point de rassemblement était *Nguyen-Binh*, comprenait : 1° la 8° compagnie de légion tout entière dont les fractions réparties entre *Nguyen-Binh*, *Nuoc-Haï* et *Cao-Bang* devaient se rencontrer à *Nguyen-Binh*.

2° Une section de la 5° compagnie du 3° tirailleurs tonkinois, lieutenant Bourdeau, déjà en position à *Nguyen-Binh*.

3° Une section d'ambulance, sous les ordres du docteur Lejonne, se constituait à *Nguyen-Binh*.

Le détachement du Nord (*Bo-Gai*) comprenait 150 tirailleurs des 8° et 13° compagnies du 3° tirailleurs tonkinois, capitaine Gérard.

Le détachement de l'Est (*Mo-Xat*) comptait 100 tirailleurs de la 15° compagnie du 3° tirailleurs tonkinois, capitaine Flament, renforcée de 20 légionnaires de la 7° compagnie.

Le détachement occupant *Pac-Boc* et le *Xuat-Tinh* (commandé par le capitaine Lacroix) comprenait une section de tirailleurs de la 5° compagnie et une section de légion de la 9° compagnie. Le capitaine Blanc, de la 9° compagnie de légion, prenait le commandement du poste et du secteur de *Dong-Khé*, par intérim. Le capitaine Lacroix était en effet le seul des officiers présents à *Dong-Khé* connaissant le pays, très difficile.

Le commandant du cercle de *Bao-Lac* avait ordre de faire garder par des partisans, ou par des tirailleurs, si les circonstances le lui permettaient, les routes de *Dong-Mu* et de *Nam-Pott*.

Le cercle se formerait ainsi autour des pirates, d'autant plus que l'arrivée, à *Cao-Bang*, de sérieux renforts allait permettre d'organiser un nouveau groupe qui, ou bien bloquerait les pirates à *Lung-Sung*, si nos troupes parvenaient à les y rejeter, ou bien viendrait donner un coup décisif si les pirates en position offraient une sérieuse résistance.

Le 30 avril, le groupe du Sud, capitaine Duranthon, lieutenants Belouin et Barthélemy, 76 hommes de troupe de la 8e compagnie de légion; lieutenant Bourdeau et une section de la 5e compagnie du 3e tirailleurs tonkinois, 1 sergent européen, 40 hommes de troupe indigènes ; 60 partisans de *Nguyen-Binh* avec le tri-chau ; 1 section d'ambulance, docteur Lejonne, était réuni, à 10 heures du matin, à *Nguyen-Binh*, où arrivaient le commandant Roux et le lieutenant Royer, adjoint au commandant de la colonne.

Les émissaires signalent qu'un parti pirate (200 hommes environ) se trouvait le matin entre *Tap-Na* et *Trung-Trang*, mais que *Tap-Na* était évacué par eux. Le capitaine Duranthon, avec 30 légionnaires, 20 partisans, part à midi pour *Tap-Na*, où il arrive à 4 h. 30 du soir et s'installe dans le blockhaus brûlé par les pirates quelques jours auparavant. Le 1er mai, le commandant Roux quitte *Nguyen-Binh* avec le reste de la colonne, arrivé à 10 h. 30 du matin à *Tap-Na*, il y reçoit vers 11 heures un tram envoyé par le capitaine Flament, lui annonçant que les pirates, battant en retraite vers le nord, avaient évacué *Trung-Trang* le 30, à 4 heures du soir, et auraient attaqué *Bo-Gai* dans la nuit.

Le groupe Duranthon se rend aussitôt à *Trung-Trang* avec le commandant Roux; à 4 heures la jonction est faite entre le groupe du Sud (capitaine Duranthon) et le groupe de l'Est, capitaine Flament, lieutenant Duhamel, 5 sous-officiers européens, 108 hommes de troupe

indigène de la 15e compagnie du 3e tirailleurs tonkinois;
19 caporaux et soldats de la 7e compagnie de légion
commandés par le sergent Kradolfer, 70 partisans avec le
tri-chau de *Soc-Giang*.

Un émissaire rendant compte que *Ta-Xa* n'est plus
occupé par les pirates, le capitaine Flament reçoit l'ordre
de se porter immédiatement avec son groupe sur *Ta-Xa*. Le lieutenant Royer lui est adjoint et prend le commandement des partisans de *Soc-Giang*.

Le groupe Flament arrive à *Ta-Xa* vers 5 h. 30 du
soir, où un émissaire rend compte que la bande pirate
est cantonnée dans les hameaux entre *Bo-Gia* et *Po-Cut*.
Un groupe pirate de 200 hommes, 150 fusils, est à *Po-Cut* même, très fatigué. Les partisans, sous la conduite
du lieutenant Royer, s'avancent jusqu'à *Lung-Gich*, d'où
ils délogent, sans coup férir, un petit poste pirate. Le
contact était pris, mais, la nuit venant, il eût été dangereux de pousser plus avant dans ce terrain très difficile ;
un poste de partisans s'établit au col, gardant l'ancienne
route *Ta-Xa - Po-Cut*. Le reste du groupe rentra à 9 h. 30
du soir à *Ta-Xa*. Le capitaine Flament, avec ses troupes
régulières, passa la nuit à 600 mètres au nord de *Ta-Xa*,
en embuscade, gardant les deux chemins qui vont de *Ta-Xa* sur *Po-Cut*.

Affaire de Na-Thone : 2 mai.

Le 2 mai, le commandant Roux et le groupe Duranthon arrivent de *Trung-Trang* à *Ta-Xa*. Après que
compte lui a été rendu des événements de la veille, le
commandant Roux donne les ordres suivants :

Une reconnaissance offensive sera faite de *Ta-Xa* sur
Po-Cut en suivant les deux chemins qui relient ces deux
localités, le groupe Flament par le chemin de l'Est, nouvelle route, le groupe Duranthon et le convoi par le che-

min de l'Ouest, ancienne route. Les deux groupes marchant à la même hauteur.

Le mouvement commença vers 7 heures du matin. Cependant la bande pirate, dont l'intention première était de rebrousser chemin vers le Nord et la Chine, ayant trouvé cette route barrée par les forces réunies à *Bo-Gai*, ainsi qu'il sera expliqué plus loin, avait changé d'intention et commençait sa marche vers le Sud pour essayer de gagner la région des Lung, région du secteur de *Nguyen-Binh*, peuplée de Man, au sud-est de *Tap-Na*.

Les deux partis marchaient donc l'un vers l'autre. La rencontre se produisit vers 8 heures du matin, sur le chemin de l'Est. L'avant-garde du groupe Flament, lieutenant Duhamel, une section de la 15e compagnie de tirailleurs, 10 légionnaires, rejettent l'avant-garde pirate dans un ravin après deux charges à la baïonnette pour enlever un col et un pont.

Les pirates prennent position vers l'Est pour attaquer le groupe Flament. Ce groupe s'installe aussitôt dans une forte position et s'apprête à recevoir l'attaque de l'ennemi.

Renseigné par un émissaire sur les intentions des pirates, qui cherchent à forcer le passage vers l'Est, le commandant Roux fait faire à-droite au groupe Duranthon, et, poussant alors en avant, réussit à prendre les pirates de flanc. Fusillés à 100 mètres par deux sections de légion et la section Bourdeau, les pirates se replient vers l'Est tandis que nos troupes les refoulent de position en position.

A 11 heures du matin, seuls des tireurs de position entretenaient encore le feu contre la colonne. Le convoi, laissé sur la nouvelle route, rejoignit les troupes de première ligne sous l'escorte du lieutenant Bourdeau avec le plus grand ordre.

Vers 2 h. 30 du soir, après reconnaissance du terrain, le commandant Roux, jugeant que le véritable point à occuper, pour entraver le mouvement des pirates vers le Sud, était la position de *Ta-Xa*, résolut d'aller coucher aux emplacements du matin; le mouvement s'exécuta en bon ordre; toutefois les coolies du convoi eurent une légère hésitation en passant sous le feu des tireurs de position des pirates, cette hésitation dura peu, et, protégés par le feu des fractions du capitaine Duranthon et du lieutenant Bourdeau, le convoi passa en bon ordre.

La reconnaissance rentrait à *Ta-Xa* à 4 h. 30 du soir. Les pirates, voyant la route du Sud barrée, se repliaient sur Bo-Gia en se couvrant par un fort poste placé à *Po-Cut*.

Cette affaire nous coûtait : 5 légionnaires et l'adjudant Georges, de la légion, blessés, dont 4 grièvement, et 3 tirailleurs blessés dont 1 légèrement. Un coolie avait été tué, un autre, blessé grièvement, mourut en arrivant à *Cao-Bang*.

Munitions consommées : groupe Duranthon, 4.479 cartouches 86; groupe Flament, 7.500 cartouches 86.

Les pirates abandonnaient 11 cadavres sur le terrain, 7 fusils, 1 revolver, de nombreuses cartouches, des paquets d'effets, dont l'un contenait le quart du sergent Fradet et des papiers sans importance.

La nécessité d'évacuer les blessés empêcha la colonne de se porter en avant le 3 mai, d'ailleurs il fallait reconnaître les nouvelles intentions des pirates. Des reconnaissances de partisans furent envoyées à cet effet sur les deux routes de *Ta-Xa* à *Po-Cut*.

Première entrevue avec le maréchal Sou.

Pendant ce temps, le 28 avril, à 10 heures du matin, le colonel commandant le territoire recevait du commandant Lamotte, à *Soc-Giang*, la nouvelle de l'arrivée à *Binh-Mang* du maréchal Sou avec 1.500 réguliers. Le maréchal Sou, à qui le colonel avait précédemment demandé une entrevue, acceptait l'entrevue, qui était fixée au 29 avril.

Le colonel partit pour *Soc-Giang* avec son officier de renseignements et une escorte de 20 linhs-co encadrée par le sergent Renucci, de la 15e compagnie du 3e tirailleurs tonkinois, et le maréchal des logis Jean-d'Aur, de la 4e batterie d'artillerie coloniale.

Le 29 avril, à 2 heures, l'entrevue avait lieu à *Binh-Mang;* le maréchal Sou paraissait encore peu renseigné sur les bandes entrées au Tonkin; toutefois, il les devinait en deux catégories : 1° les pillards de profession, qu'il avait chassés depuis Pé-Sé devant lui, bande entrée entre *Bo-Gai* et *Soc-Giang;* 2° des gens affiliés aux sociétés secrètes et comprenant des membres tonkinois, bande recrutée à *Binh-Mang* et ayant attaqué à *Nuoc-Haï*. Le maréchal Sou demandait en outre à faire marcher des réguliers avec nos troupes et à prendre une part active à nos opérations.

A ces demandes d'opérations en commun, le colonel commandant le territoire répondit qu'il n'avait pas qualité pour accepter sur le territoire tonkinois le concours des troupes régulières chinoises, que seuls le général commandant en chef et le gouverneur général de l'Indo-Chine pouvaient trancher la question, et que cette demande leur serait faite dès la rentrée du colonel à *Cao-Bang*.

Contrairement à ses habitudes, le maréchal Sou semblait opposé à engager avec les pirates des pourparlers pour leur soumission; il semblait désirer, au contraire, la destruction complète de la bande.

Le maréchal ajoutait que le chef principal des pirates était un nommé Tran-Na-Sao, originaire des environs de

Bao-Lac, et que le chef de la bande de *Nuoc-Haï* était un nommé Luu-Thui-Duong.

En outre, le maréchal Sou demandait que M. Bertrand, son ingénieur-conseil, lui soit envoyé, afin de pouvoir traiter plus facilement d'affaires avec les représentants de l'autorité française.

Cette entrevue n'apportait pas un jour bien nouveau sur les intentions des pirates ; on pouvait en déduire que les routes de Chine seraient fermées aux bandes, et que le maréchal Sou s'opposerait formellement à une rentrée en Chine des pirates qu'il venait d'en chasser.

Après cette entrevue, le colonel rentra, par une marche forcée, à *Cao-Bang*, où il arrivait le lendemain, 30 avril, à 11 heures du matin.

Les renforts arrivaient tous les jours ; le lieutenant-colonel Betboy, du 3e tirailleurs tonkinois, et le lieutenant Papillon, mis à la disposition du colonel commandant le territoire, avaient rallié *Cao-Bang* le 29 au soir. Le colonel avait en main tous les éléments pour constituer la colonne qui devait aller frapper le coup décisif. Les préparatifs de constitution de la colonne commencèrent aussitôt.

Pendant ce temps, les pirates, au courant de tous nos mouvements, commençaient à se sentir en fâcheuse posture; un demi-cercle se formait autour d'eux rendu infranchissable par la présence en arrière du groupe Lacroix, à *Pac-Boc*, des partisans très nombreux à *Dong-Mu*, et de l'arrivée, à *Nam-Pott*, de 120 tirailleurs de la 13e compagnie, capitaine Deriex et lieutenant Vauge, envoyés à la hâte par le commandant Bernard pour barrer la route de *Bao-Lac*. Apprenant en outre l'arrivée à *Cao-Bang* de nouveaux renforts, la bande ne se sentit plus en sûreté au Tonkin et dessina un mouvement de retraite vers le Nord dès le 28 avril; ce mouvement s'accentua le 29, et les deux bandes refluèrent, ce jour-là, de

Tap-Na sur *De-Ga*, *Po-Ye* et *Bo-Gia*, où elles cantonnaient dans la soirée.

Opérations autour de Bo-Gai.

Le 30, à 2 h. 30 du matin, le capitaine Gérard était prévenu par le chef du village de *Bo-Gia*, que les pirates chercheraient à marcher dès le matin sur *Po-Khuy*, par *Bo-Ngam*.

A 7 heures du matin, en effet, l'avant-garde pirate débouchait du col rocheux de *Bo-Ngam*, tirant quelques coups de fusils sur nos partisans. L'arrivée à *Cai-Duong* (3 kilomètres sud-est de *Bo-Gia*) du groupe Gérard provoqua sans doute la retraite de la bande.

Le capitaine Gérard rentra à *Bo-Gai* laissant un poste d'une section (sergent-major Bouché) dans une excellente position en avant *Cai-Duong*, avec mission de surveiller les agissements de la bande, protéger les villages voisins sans s'engager à fond. Toutefois, si une occasion propice se présente d'ouvrir le feu sur une grosse fraction ennemie, ne pas hésiter à tirer. Vers 3 heures, les pirates (200 environ), envoyés au ravitaillement à *Na-Pan*, s'avançaient tranquillement sur le poste du sergent-major Bouche, dont ils ignoraient l'existence. A 400 mètres, le sergent-major fit ouvrir le feu sur les pillards, alors en masses compactes; au même instant, il était renforcé par la relève du poste, lieutenant Drincourt, et une section, qui entrait en ligne par un mouvement de flanc et déterminait les pirates à la retraite après n'avoir tiré que quelques coups de fusil.

Munitions consommées, 279 cartouches.

Tués et blessés, néant.

Armes, munitions perdues, néant.

Les pirates, dans cette courte affaire, avaient perdu quelques hommes.

Pendant ce temps, une partie de la bande, sans franchir le col de *Bo-N'Gam*, avait dû se diriger sur *Po-Khuy* par *Coc-Lai*, car, vers 3 heures du soir, le poste de partisans menacé demandait du secours.

Affaire du col des Lacets.

Le lieutenant Silve était envoyé immédiatement, avec une section de 30 tirailleurs, faire une démonstration vers *Po-Khuy*, avec ordre de ne pas s'engager et de battre en retraite en cas d'attaque.

Le lieutenant Silve engage sa troupe dans le col dit des « *Lacets* » ; à peine l'a-t-il dépassé qu'une fraction d'une centaine de pirates se démasque en arrière de lui et sur sa droite. Cette fraction ouvre le feu. Il se produit un peu de désordre dans la troupe, qui finit par s'arrêter sur une croupe au nord de la route, et faire face aux pirates.

Le lieutenant Silve cherche à gagner le versant nord du col qui domine la position pirate et dont la possession lui assure sa ligne de retraite sur Bo-Gai.

Les pirates devancent les tirailleurs dans ce mouvement, couronnent les crêtes, et, au moment où les éclaireurs arrivent sur la position, ils sont accueillis par un feu de salve qui en blesse trois. L'offensive des pirates est arrêtée par le feu rapide des tirailleurs. La nuit est tombée, 10 hommes s'égarent, se dispersent et gagnent *Bo-Gai* isolément, où ils arrivent dans la soirée ou la matinée du lendemain; le détachement bivouaque sur une position en arrière de celle qu'il n'avait pu aborder; il est entouré et surveillé par les pirates. Au jour, à la faveur d'un épais brouillard, le lieutenant Silve parvenait à glisser entre les postes pirates qui le gardaient et trouvait un refuge à la grotte de *Po-Khuy*. Le capitaine Gérard, prévenu de ces faits, envoie le 25, au secours du lieutenant, une reconnaissance de 80 fusils (adjudant Peyré), mais les pirates se sont retirés, l'opération a lieu sans difficultés et la reconnaissance du lieutenant rentre à *Bo-Gai* dans l'après-midi.

Tués, néant ; blessés, 4, dont un mort depuis des suites de ses blessures; 1 blessé légèrement.

Munitions consommées, 1.462 cartouches.

Pendant toute cette journée, la région Est de *Bo-Gai* était infestée de pirates; venaient-ils de protéger des réquisitions, évacuer des blessés ou, comme certains l'ont affirmé, chercher un convoi de munitions venu de *Binh-Mang ?* Toutes les hypothèses sont permises, mais il semble plus logique de croire, et les prisonniers l'ont déclaré du reste, que le mouvement de nos troupes du Sud vers le Nord rejetait les pirates vers la Chine, où ils avaient alors leur ligne de retraite.

Blocus de Lung-Sung.

Pendant que les pirates se trouvaient gênés du côté de *Bo-Gai* par les troupes françaises, le maréchal Sou envoyait, le 1ᵉʳ mai, ses réguliers garnir la frontière à l'ouest de *Bing-Mang*. La retraite par le Nord devenait impossible aux pirates. C'est alors, le 2 mai au matin, qu'ils se décidèrent à essayer de forcer le passage au Sud, et qu'ils se heurtèrent à la colonne du commandant Roux, qui leur barrait la route de *Ta-Xa*. Il devenait probable que les pirates allaient se jeter dans le massif du *Lung-Sung;* les renseignements reçus confirmèrent en effet que la bande opérait un mouvement vers l'Est. Toutefois, un fort parti pirate tenait encore la route de *Bo-Gai* à *Soc-Giang*, et empêchait toute communication directe entre ces postes.

Le colonel prit alors les dispositions suivantes :

1° *Constitution de la colonne du lieutenant-colonel*

Betboy. — Envoi à *Bao-Lac* du lieutenant-colonel Betboy avec mission d'organiser, avec des renforts envoyés du 3e territoire (2 pelotons du bataillon d'Afrique, 7 sections des 3e et 6e compagnies du 4e tirailleurs tonkinois, les troupes disponibles et une section d'artillerie de la 4e batterie dirigée de *Cao-Bang* sur *Bao-Lac)*, une colonne mobile prête à tout événement.

2° *Constitution de la colonne du commandant Farret.* — Constitution d'un groupe comprenant, sous les ordres du commandant Farret, 1 peloton de la 9e compagnie de légion, lieutenants Pique et Badot ; la 7e compagnie du 2e tonkinois, capitaines Ibos, lieutenants Gaillard et Desery; 1 section d'ambulance, docteur Le Mithouard; ce groupe avait pour mission de se diriger sur *Soc-Giang* et *Bo-Gai*, pour prendre le contact avec l'ennemi, de s'engager au besoin avec lui pour empêcher les fractions au nord du *Lung-Sung* d'aller se joindre à celles attaquant le groupe du commandant Roux.

3° *Constitution du groupe Fesch.* — 1 section, 12e compagnie de légion ; 1 peloton, 8e compagnie du 2e tirailleurs, lieutenant Lucas, dirigé sur *Mo-Xat* avec mission d'assurer la base du ravitaillement et de surveiller les débouchés Est du *Lung-Sung*.

4° *Constitution du groupe Koechly.* — 1 peloton, 8e compagnie, 2e tirailleurs tonkinois, sous-lieutenant Jourdy ; 1 section, 12e compagnie légion, lieutenant de Premorel.

5° Envoi à *Cao-Bang* du groupe Lacroix, dont la présence à *Pac-Boc* est devenue inutile.

6° Constitution à *Mo-Xat* d'une réserve de 10 jours de vivres pour la colonne, et d'une réserve de 18.000 cartouches.

Le groupe Farret se mettait en marche le 3 mai, à 5 heures du matin, et attaquait *Mo-Xat* le soir ; il y était rejoint, à 8 heures du soir, par le colonel commandant le

2⁰ territoire, le lieutenant Papillon, adjoint au colonel ; le lieutenant Tonnot, officier de renseignements et l'adjudant Morlac, secrétaire du colonel ; pendant la route, le caporal Lallemand, 2⁰ secrétaire du colonel, avait été frappé d'insolation et mourait au poste de *Nuoc-Haï*.

Le 4 mai au matin, le groupe Farret arrivait à *Soc-Giang* avec le colonel commandant. Là, le colonel recevait les renseignements suivants :

La route de *Bo-Gai* à *Soc-Giang* est libre; 600 réguliers ont, sur l'ordre du maréchal Sou, franchi notre frontière, ainsi que le commandait le terrain, pour pouvoir tenir efficacement les débouchés Nord et Nord-Est du *Lung-Sung* ; les pirates sont cantonnés dans le massif du *Lung-Sung*.

Le colonel commandant arrêta le plan suivant :

Faire garder soigneusement les débouchés Est et Sud du *Lung-Sung* par le groupe Fesch pendant que les groupes du commandant Roux et du capitaine Gérard tiendraient les débouchés Ouest et les Chinois les débouchés Nord. Faire exécuter par des partisans, des émissaires, une reconnaissance sérieuse des positions occupées par les pirates, puis pénétrer dans le *Lung-Sung* soit par l'Est, soit par l'Ouest, avec le groupe Farret pour prendre la bande à revers. Le mouvement devait avoir lieu le 6 mai.

Entrée au Tonkin d'une 3⁰ bande dans les Ba-Chau.

Toutes les dispositions étaient prises, lorsque, le 4 mai, à 10 heures du soir, le colonel reçoit à *Soc-Giang* un télégramme venant de *Trung-Khan-Phu*, et annonçant l'entrée au Tonkin, vers *Ban-Gioc*, d'une bande de 500 fusils; cette bande, après une longue marche, s'était installée dans les massifs rocheux au sud de *Ban-Cra*, menaçant ainsi soit *Trung-Khan-Phu*, soit *Ha-Lang*, soit *Quang-Uyen*.

La situation changeait, et il devenait urgent de renforcer les *Ba-Chau* et d'arrêter cette bande nouvelle, qui, par un coup d'audace, pouvait atteindre *Cao-Bang* en 12 heures et y tenter un coup de main.

Les dispositions prises sont les suivantes :

1° Envoi d'urgence, à *Quang-Uyen*, du groupe du capitaine Lacroix, avec 10 jours de vivres et 12.000 cartouches ;

2° Renforcement de *Quang-Uyen* par la section de la 5e compagnie du 3e tirailleurs tonkinois, envoyée de *Na-Lan*. Remplacement de cette section à *Na-Lan* par une section de la 5e compagnie de légion détachée de *Ta-Lung* ;

3° Abandon de tous les petits postes tels que *Phuc-Hoa*, *Pa-Linh*, *Cao-Kha*, postes de surveillance administrative et qui sont incapables d'offrir une résistance à un ennemi entreprenant ;

4° Envoi d'un poste d'une section, 12e compagnie de légion, au *Déo-Ma-Phuc* (lieutenant Poirmeur) pour assurer les communications entre les *Ba-Chau* et *Cao-Bang;*

5° Retour à *Cao-Bang*, pour être prête à tout événement, de la colonne Farret, diminuée du groupe Fesch;

6° Ordre donné au commandant Roux de prendre la direction des opérations dans le *Lung-Sung*, renforcement de la colonne Roux par le groupe du capitaine Detriex, 120 fusils, alors à *Nam-Pott*, et par le groupe Fesch ;

7° Ordre donné au lieutenant-colonel Betboy de hâter la réunion de sa colonne mobile et de se porter rapidement, par *Dong-Mu*, sur le *Lung-Sung*.

Le 5 mai, à 4 heures du matin, le groupe Farret et le colonel quittaient *Soc-Giang* et arrivaient à *Cao-Bang* le soir même à 7 heures, ayant fait, par la chaleur et la pluie d'orage, qui rendait la route mauvaise, une étape de 44 kilomètres.

Le groupe Koechly s'était joint au groupe Farret vers *Mo-Xat* et rentrait à *Cao-Bang* en même temps que lui.

A peine arrivé à *Cao-Bang*, le colonel apprenait que les renseignements qu'il avait reçus à *So-Giang* étaient fortement exagérés ; la bande signalée par *Trung-Khanh-Phu* ne comprenait guère que 200 hommes, dont 45 fusils. Après avoir franchi la frontière à la borne 57, elle avait traversé le *Song-Quei-Thuan*, vers *Po-Tau*, puis avait fait un crochet sur *Ban-Gioc*, et atteint le territoire du secteur d'*Ha-Lang* : là, elle avait brusquement fait demi-tour, repassé le *Song-Quei-Thuan* au même endroit que lors de son entrée au Tonkin, et gagné *Co-Ma*, à demi-distance entre *Po-Tau* et la frontière. A *Co-Ma*, les partisans avaient accueilli les pirates à coups de fusils et en avaient capturé trois. Une reconnaissance de 20 tirailleurs et 30 partisans, commandée par un sergent de la 3ᵉ compagnie du 3ᵉ tirailleurs tonkinois, arrivait au même moment à *Co-Ma*, et deux feux de salve mettaient en fuite les pirates, qui, poursuivis, repassaient en Chine à la borne 60.

Cette fausse alerte, provoquant à *Cao-Bang* le retour du groupe Farret, avait dégarni le front Est du *Lung-Sung*, et les pirates pouvaient y trouver des chemins libres, la fuite leur était possible. Il fallait remédier à cet état de choses le plus vite possible.

Opérations dans le Lung-Sung. Constitution de la colonne Bonnelet.

Pour cette raison, le lendemain de sa rentrée à Cao-Bang, le colonel commandant le territoire organisait un nouveau groupe qui, sous les ordres du capitaine Bonnelet, comprenait :

La 6ᵉ compagnie de légion, capitaine Bonnelet, lieutenant de Laprade; la 7ᵉ compagnie du 2ᵉ tirailleurs tonkinois, capitaine Ibos.

Le 6 mai, à 2 heures du soir, la 6ᵉ compagnie de légion et le colonel commandant le territoire, avec les officiers qui lui sont adjoints, capitaine Landais, lieutenant Papillon, lieutenant Tonnot, se mettaient en route sur *Mo-Xat* et cantonnaient au village de *Na-Pan-Dou*, au kilomètre 23 de la route *Cao-Bang* à *Soc-Giang*.

La 7ᵉ compagnie du 2ᵉ tirailleurs tonkinois, qui avait fourni la veille une étape de 44 kilomètres, couchait à *Nuoc-Haï*.

Le commandant Farret se rendait à *Quang-Uyen* prendre le commandement des *Ba-Chau*. Bientôt les événements amenaient l'envoi à *Quan-Uyen*, outre les fractions qui s'y trouvaient déjà, d'un peloton de la 9ᵉ compagnie de légion et d'un peloton de la 8ᵉ compagnie du 2ᵉ tirailleurs tonkinois.

Le 7 mai au matin, vers 8 heures, le groupe était tout entier réuni à *Mo-Xat*, et le colonel y trouvait la situation suivante :

Pendant les journées des 3 et 4 mai, le groupe du commandant Roux, immobilisé par l'absence de ses coolies employés à l'évacuation des blessés de l'affaire du 2 et au ravitaillement, était resté au contact avec les pirates au moyen de reconnaissances de partisans.

Celles-ci rapportent que les pirates, sachant que le *Lung-Sung* ne sera pas un refuge sérieux, puisqu'ils y manqueront de vivres et d'eau, chercheront à gagner *Tap-Na* en passant par le col du *Deo-Ma-Pan*.

30 partisans sont aussitôt envoyés en ce point pour le surveiller. Pour l'instant, les pirates occupent toujours un long couloir rocheux d'où il ne faut pas songer à les déloger par une attaque de front.

Le 5 mai, une reconnaissance, commandée par le capitaine Duranthon, 40 légionnaires 8ᵉ compagnie, 40 tirailleurs 3ᵉ tirailleurs tonkinois, quitte *Ta-Xa* à 6 heures du matin, se dirige sur la position pirate avec mission de chercher une position permettant de harceler la bande et de lui empêcher tout ravitaillement en eau et en vivres dans la vallée du *Dzé-Rao*.

Le lieutenant Royer est adjoint au capitaine Duranthon pour cette mission.

A 7 heures du matin, un émissaire signale que les pirates ont abandonné leur position pour aller dans la direction de *Na-Luong*.

Le col rocheux est aussitôt occupé par la reconnaissance du capitaine Duranthon.

Le commandant Roux, prévenu par le lieutenant Royer de l'abandon par les pirates de leur position, et sachant que le colonel commandant le territoire doit faire marcher le lendemain une forte colonne sur *Lung-Sung*, prend, pour fermer aux pirates les débouchés Ouest et Sud du *Lung-Sung*, les dispositions suivantes :

Le capitaine Gérard doit se relier à la colonne vers *Po-Cut*.

Le capitaine Flament reste à *Ta-Xa*. Le groupe Fesch, mis à la disposition du commandant Roux, est divisé en deux fractions ; l'une avec le lieutenant Lucas, 10 légionnaires, 40 tirailleurs 8ᵉ compagnie du 3ᵉ tirailleurs tonkinois, 10 partisans, est placée au *Deo-Ma-Pan*, gardant la route *Mo-Xat*, *Trung-Trang* et les débouchés Sud du *Lung-Sung*. La 2ᵉ fraction, avec le capitaine Fesch, occupe *Dan-Den*, à mi-chemin entre *Cui-Duc* et *Lung-Vi*, avec mission de barrer la route aux pirates s'ils tentaient de descendre sur *Tap-Na*.

Le 6 mai, le commandant Roux recevait l'ordre du colonel de prendre la direction des opérations, et, en même temps, un officier chinois, envoyé par le maréchal Sou, annonçait que ce dernier, pressé d'en finir avec la bande, avait poussé en avant, occupant *Coc-Lay* avec 100 fusils; 200 réguliers marchaient vers le *Bo-Gia;* les 6, 7 et 8 mai, 300 réguliers, guidés par les partisans du tri-chau de *Soc-Giang*, attaqueraient la position du *Lung-Sung* par l'est, le nord et l'ouest, le 7 mai, à la première heure. Le commandant Roux prend alors la résolution de pousser en avant le groupe Duranthon, qui, de concert avec les réguliers, attaquera le *Lung-Sung* par le sud, le 7 mai.

Les détachements du capitaine Flament, capitaine Fesch, capitaine Gérard, resteraient sur les emplacements, gardant les issues. Ce mouvement fut exécuté comme il le sera expliqué par la suite.

Pendant ce temps, le 6 mai, vers 3 heures du soir, les pirates, se sentant traqués de tous les côtés, se présentèrent au nombre d'environ 200 sur les pentes du *Déo-Ma-Pan*, pour essayer de forcer le passage. Accueillis par le feu du détachement du lieutenant Lucas à *Déo-Ma-Pan*, et par celui du capitaine Fesch, à *Dan-Denh*, les pirates, après trois heures d'efforts infructueux, regagnèrent l'intérieur du massif, perdant 4 hommes et 2 blessés grièvement.

Tués, blessés, néant.

Munitions consommées, 680 cartouches M. 86.

Tels furent les renseignements qu'obtint le colonel à *Mo-Xat* le 7 au matin.

Il était évident, et c'était l'avis des émissaires envoyés dans le *Lung-Sung*, que les pirates allaient chercher à quitter le massif du *Lung-Sung* et tenteraient de se réfugier probablement dans le *Luc-Khu*.

De la pagode de *Mo-Xat* on apercevait d'ailleurs, au sommet de la falaise à pic qui limite le massif du *Lung-Sung*, des éclaireurs pirates qui suivaient nos mouvements. Les Nungs du massif ajoutaient que la bande s'était dirigée vers l'Est, par une marche de nuit, et arrivait sur *Mo-Xat*. Le colonel ordonna les dispositions suivantes :

Le groupe du capitaine Bonnelet se répartissait la surveillance des débouchés Est et Sud-Est du *Lung-Sung*. Le capitaine Ibos, avec deux sections de tirailleurs tonkinois et une section de la 6e compagnie de légion, gardait les passages depuis *Ban-Lap* occupés par **100 ré**guliers chinois à *Loung-Liéou*.

Le capitaine Bonnelet, avec un peloton de tirailleurs, lieutenant Gaillard et 3 sections de légion, lieutenant de Laprade, occupait la position de *Coc-Phat*, reliant la droite du groupe Fesch à la gauche du détachement du capitaine Ibos, et barrant une route qui, de *Lung-Sung*, se dirige sur *Deux-Ponts* et *Nuoc-Haï*.

Le lieutenant Dubois, commandant le poste de *Nam-Nhung*, était averti de faire surveiller le versant ouest du massif de *Luc-Khu*.

De sa personne, le colonel se rendait à *Coc-Phat*.

A 2 heures de l'après-midi, tous les mouvements étaient terminés. Malheureusement, le front à surveiller était trop grand pour l'effectif chargé d'en garder les issues. La journée se passa tranquillement, les éclaireurs pirates avaient disparu. Le soir, vers 10 heures, un tram, envoyé par le lieutenant Lucas, annonçait que des torches circulaient dans le *Lung-Sung* se dirigeant sur *Mo-Xat*.

Le 8 au matin, le colonel recevait à *Coc-Phat* les renseignements suivants que lui envoyait de *Mo-Xat* le capitaine Ibos.

Fuite des pirates dans la direction du Luc-Khu.

Les pirates, divisés en deux groupes, avaient pu, grâce à l'obscurité de la nuit, et en se divisant par petits paquets de 1 à 3 hommes, descendre le long des flancs du

Lung-Sung, passer la rivière devant une pagode située à un kilomètre sud de *Mo-Xat*, échappant à la surveillance du petit poste de gauche du groupe de *Mo-Xat*.

La plus grosse fraction de la bande avait opéré son mouvement vers 11 heures du soir, le reste avait passé vers 4 heures du matin; c'est à ce moment qu'une patrouille envoyée par le poste de gauche avait rencontré un groupe pirate et réussi à en capturer un.

Les deux bandes, formant un total de 3 à 400 hommes, s'étaient réunies à *Coc-Gao*, puis, sans perdre de temps, s'étaient dirigées sur *Tinh-Hoa* pour gagner le *Luc-Khu* et les *Ba-Chau*.

Le capitaine Ibos avait aussitôt envoyé deux reconnaissances sur *Tinh-Hoa*, à la poursuite de la bande, l'une commandée par le sergent Marbaix, de la 6e compagnie de légion, avec 7 légionnaires et 15 tirailleurs, une autre par un sergent indigène de la 7e compagnie de tirailleurs tonkinois.

La garde des débouchés de *Lung-Sung* devenait inutile. Le colonel, laissant s'avancer dans le *Lung-Sung* le groupe du commandant Roux, capitaine Duranthon, et le lieutenant Bourdeau, donna l'ordre au capitaine Fesch et au capitaine Flament de se rabattre immédiatement sur *Mo-Xat*. D'autre part, le groupe Bonnelet quittait *Coc-Phat* et atteignait *Mo-Xat* le 8 mai, à 2 heures du soir.

Dispositions prises.

A ce moment, les renseignements rapportés par les reconnaissances et fournis par les émissaires étaient les suivants :

La bande pirate était arrivée à *Tinh-Hoa* dans la matinée par le chemin de *Deux-Ponts*, elle avait eu à subir des coups de fusils des partisans embusqués sur sa route.

Après avoir pris un maigre repas à *Tinh-Hoa*, les pirates s'étaient enfoncés dans les premiers contreforts du *Luc-Khu* et étaient arrivés à *Na-Giang* harassés de fatigue.

Quelques partisans amenaient un prisonnier fait sur la route de *Tinh-Hoa*. Ce prisonnier, comme celui fait le matin à *Mo-Xat*, mourait de faim ; il souffrait aussi du manque d'opium, il confirmait les dires des émissaires.

Sans perdre de temps, le colonel fait distribuer à tous les hommes de la colonne et aux coolies quatre jours de vivres, car il est impossible de trouver quoi que ce soit dans le *Luc-Khu*, et, à 3 h. 30, la colonne, composée du capitaine Bonnelet avec la 6e compagnie de légion, du capitaine Ibos avec la 7e compagnie du 2e tonkinois, se dirigeait, ainsi que le colonel, sur *Na-Giang*, avec espoir de surprendre les pirates.

Le groupe Fesch devait rejoindre le plus tôt possible, et ordre était donné au commandant Roux de venir dans la direction de *Na-Giang* dès qu'il aurait atteint *Mo-Xat*. De plus, le groupe Farret, qui se constituait vers *Quang-Uyen*, recevait l'ordre de s'avancer sur *Tra-Linh* pour barrer la route des *Ba-Chau* aux pirates fugitifs.

Poursuite.

Le guide, craignant probablement pour lui-même les premiers coups de fusils en arrivant dans le voisinage de *Na-Giang*, fit faire à gauche à la colonne, qui, à 7 heures du soir, se trouvait devant un col rocheux d'environ 300 mètres de haut. Il devenait dangereux de s'engager dans ce difficile passage par la nuit profonde. La colonne bivouaqua dans la plaine, pendant qu'une reconnaissance, lieutenant de Laprade, allait occuper le col.

Pendant la nuit, les partisans de *Nuoc-Haï* et ceux de *Na-Giang* vinrent rendre compte que, le 8 mai, ils avaient combattu à *Na-Giang* les pirates qui pillaient le marché ; embusqués sur les rochers qui dominent le cirque, ils avaient infligé aux pirates quelques pertes (8 hommes).

Le 9 mai, à 4 heures du matin, la colonne quittait le bivouac et s'avançait sur *Na-Giang*, le col était libre. On entendait la fusillade au loin, les échos très nombreux dans les rochers empêchaient de se rendre compte de la direction exacte et de la nature des coups de feu tirés.

Vers 7 heures du matin, un avis du lieutenant Dubois prévenait que cet officier, avec 30 tirailleurs et 50 partisans, était en contact avec les pirates.

Affaire du col de Kanh-Piai.

La colonne hâta sa marche, et, vers 8 h. 30, l'avant-garde débouchait dans le cirque même de *Na-Giang;* les troupes pirates sonnaient « En retraite » et les derniers coups de feu étaient tirés quelques minutes après. La colonne faisait sa jonction avec le détachement du lieutenant Dubois, qui fournissait au colonel les détails suivants sur son engagement avec la bande :

Prévenu le 8 mai, à 1 heure du soir, que la bande de *Lung-Sung* avait pu s'échapper et se dirigeait sur *Na-Giang*, le lieutenant Dubois rassemblait aussitôt 30 tirailleurs prélevés sur la garnison de *Nam-Nhung* et 13 partisans du *Luc-Khu*, puis, quittant *Nam-Nhung*, atteignait *Tong-Tuong* à 6 h. 30 du soir, où il se renforçait de 20 partisans. Les renseignements reçus faisaient croire au lieutenant Dubois que les pirates, arrivés assez tard dans l'après-midi à *Na-Giang*, y passeraient la nuit. Cet officier résolut d'aller les surprendre le lendemain au petit jour.

Si la surprise réussissait, la bande ne pouvait entrer

dans le *Luc-Khu* et se trouvait rejetée sur la colonne qui arrivait de *Mo-Xat.*

Le lieutenant Dubois quitta *Tong-Tuong* à minuit; vers 4 heures du matin, le 9 mai, il arrivait aux abords de *Na-Giang*, que ses émissaires signalèrent comme abandonné.

En même temps les éclaireurs signalaient des mouvements suspects dans la brousse, à une trentaine de mètres; bientôt il fut facile de distinguer un groupe qui s'enfuyait à travers les hautes herbes; le détachement ouvrit le feu, tuant 2 pirates dont les cadavres furent abandonnés.

Le lieutenant Dubois était tombé sur la queue de la colonne pirate, qui était déjà engagée sur le sentier de *Na-Giang* à *Thien-Tang* et bivouaquait dans la brousse à droite et à gauche du chemin.

Il était 4 heures 30 du matin, la bande pirate quitte précipitamment et se met en route sur *Thien-Tang*, abandonnant des nattes, des marmites, des ballots d'effets, etc...

Le lieutenant Dubois se lance à la poursuite des pirates et s'engage dans le col rocheux, fort rude, que traverse le sentier *Na-Giang - Thien-Tang*. Le col n'était défendu que par un très petit nombre d'hommes; le lieutenant Dubois crut pouvoir l'enlever facilement et lança tirailleurs et partisans à l'attaque. Les pirates construisaient rapidement un mur en pierres sèches, barrant le sommet du col, avec créneaux, et la trompe, sonnant sans relâche, ralliait sur ce point fortifié une grande partie de la bande, qui, faisant demi-tour, arrivait rapidement au secours de l'arrière-garde.

Arrivé à 100 mètres de la position pirate, comme ses partisans montraient peu d'enthousiasme pour l'attaque, le lieutenant Dubois résolut de ne porter ses efforts que sur sa gauche et d'essayer ainsi de tourner le col.

Les tirailleurs commencèrent à escalader la pente rocheuse et boisée du col, tandis que les partisans s'embusquaient dans les rochers au fond du cirque.

Le nombre des pirates augmentait d'instant en instant, et bientôt ils devançaient les tirailleurs du lieutenant Dubois sur la pente rocheuse où ils étaient engagés. Les partisans avaient usé toutes leurs munitions, la situation devenait intenable; le lieutenant Dubois se repliait sur *Na-Giang*, où il rencontrait les renforts amenés de *Mo-Xat* par le colonel commandant le territoire. La bande cessait son feu dès l'arrivée de l'avant-garde et indiquait un mouvement de retraite.

L'affaire de *Na-Giang* (col de *Kanh-Piai*) nous coûtait 1 tirailleur tué et 2 tirailleurs blessés; 2 partisans tués et 3 blessés, dont un grièvement.

Munitions consommées, 450 cartouches M. 1886; 1.350 cartouches M. 79/83.

Armes perdues, 1 mousqueton et 1 baïonnette 92; 2 fusils 1874.

Quant aux pirates, ils abandonnaient trois cadavres sur le terrain. Vers 10 heures du matin, le groupe du capitaine Fesch rejoignait la colonne principale.

Le colonel commandant le territoire prit les dispositions suivantes pour la poursuite de la bande :

Un détachement du groupe Bonnelet, sous les ordres du capitaine Ibos, comprenant un peloton de la 7ᵉ compagnie du 2ᵉ tirailleurs tonkinois, lieutenant Gaillard; un peloton de la 6ᵉ compagnie du 1ᵉʳ étranger, adjudant Pujol; le lieutenant Dubois qui, connaissant admirablement le pays, était un guide précieux pour le détachement, fut chargé d'opérer par le Nord un mouvement tournant destiné à prendre à revers une bande supposée forte de 300 fusils, et qui défendait le col de *Kanh-Piai*.

Opérations autour de **Na-Giang**.

Pendant ce temps les groupes Fesch et Bonnelet attendaient à *Na-Giang* que le mouvement du détachement Ibos pût avoir lieu et se préparaient à attaquer de front le col de *Kanh-Piai*.

Une reconnaissance d'une section, commandée par le lieutenant Desery, envoyée au col avec mission de voir si ce point était occupé, mais de ne pas s'engager, fut accueillie par des coups de fusils, venant de tireurs embusqués derrière un mur en pierres sèches.

Le passage était gardé, et il était à présumer que, pour forcer cette position, il faudrait arriver à la tourner par les crêtes qui la dominent; c'était au moins l'affaire d'une journée.

La reconnaissance du lieutenant Desery ramenait le caporal et le tirailleur de la 1ʳᵉ compagnie, disparus le matin; ces hommes, coupés du détachement, avaient passé la matinée dans la brousse, environnés de pirates.

Dès le 9 au soir, deux petits postes étaient placés sur les pitons qui dominent l'entrée du col.

Les coolies étaient envoyés sur *Mo-Xat* pour le ravitaillement en vivres et en munitions.

Pendant la nuit du 9 au 10 mai, une fraction d'une vingtaine de pirates, probablement des traînards de la bande principale, défila sous le feu d'un petit poste, et de nombreux coups de fusils furent échangés, d'ailleurs sans résultat.

Tués, blessés, néant.

Munitions consommées, 221 cartouches M. 86.

Le 10, au matin, une reconnaissance, lieutenant Lucas, envoyée au col de *Kanh-Piai*, rendait compte que le col était libre, qu'elle l'occupait; ordre lui était envoyé de pousser à *Thien-Tang* et d'y cantonner.

Le 10, à 2 heures du soir, arrivaient à *Na-Giang* le commandant Roux et le lieutenant Royer, avec une section d'escorte, lieutenant Bourdeau. Le commandant Roux arrivait de *Mo-Xat* après avoir traversé le *Lung-Sung* dans les conditions suivantes : Le 7 mai, le groupe Duranthon et le commandant Roux et la section d'ambulance avaient quitté *Po-Kuon* pour s'avancer sur *Lung-Sung*, où ils arrivaient à 3 heures du soir, et qu'ils trouvaient occupés par des réguliers ; ils apprenaient en outre que les pirates étaient en fuite sur *Mo-Xat*.

Le 8 mai, après une marche excessivement pénible qui durait dix heures, le groupe atteignait *Nam-Tao*, où il cantonnait. Le 9 mai, à 10 h. 30, le groupe arrivait à *Mo-Xat*.

Le groupe Flament, venu par la route de *Trung-Tang*, et le groupe Duranthon étaient dirigés sur *Cao-Bang*, et le commandant recevait à *Mo-Xat* l'ordre du colonel de venir prendre à *Na-Giang* le commandement des groupes Fesch et Bonnelct.

Situation au 10 mai.

Le capitaine Ibos avait fait connaître, le 10 au matin, que la bande était partie vers la Chine du côté de *Tra-Linh*, laissant à *Kanh-Piai* une arrière-garde peu nombreuse pour retarder la poursuite. Les renseignements du lieutenant Lucas faisaient, d'autre part, connaître que cette arrière-garde avait battu en retraite.

Il n'était donc plus question de venir prendre à revers la bande vers *Na-Giang*, aussi le colonel donnait-il toute initiative au capitaine Ibos pour se mettre sur les traces de la bande et autorisait-il cet officier, suivant les circonstances, à poursuivre la bande au delà de la frontière, en informant toutefois les autorités chinoises.

Le 10, à 2 heures du soir, la situation était donc la suivante :

La bande pirate se dirigeait vers *Tra-Linh* dans l'intention de gagner la Chine vers *Lung-Ban;*

Le capitaine Ibos se mettait à sa poursuite ;

Le groupe du commandant Farret s'avançait sur *Tra-Linh.*

Et, d'autre part, le maréchal Sou, informé par l'entremise de M. Bertrand des mouvements des pirates, envoyait des détachements de réguliers garder les débouchés de *Luc-Khu* sur la Chine.

Marche de la colonne Bonnelet.

Le colonel, après avoir donné l'ordre de constituer une réserve de vivres pour les colonnes à *Nam-Nhung* et à *Tra-Linh*, eût voulu quitter rapidement *Na-Giang* pour aller de l'avant. Malheureusement, les arroyos, considérablement grossis par la pluie d'orage du 9 au 10 mai, avaient retardé l'arrivée des coolies envoyés au ravitaillement à *Mo-Xat*, et ce n'est que le 11 au matin que la colonne put se mettre en route.

L'étape fut longue et pénible, à travers les cols rocheux où les chevaux ne passaient que difficilement sans être montés. Enfin, après 10 heures de marche, la colonne atteignit *Dong-Gott* le 11, à 7 heures du soir.

En route, dans le cirque de Lung-Tup, un compte rendu du capitaine Ibos faisait connaître qu'il avait eu la veille, à *San-Sien*, un engagement avec une fraction pirate qui s'était dispersée, et qu'une autre fraction ennemie se dirigeait à marche forcée vers *Na-Lan* (Chine). Le capitaine Ibos espérait, en doublant de vitesse, joindre cette autre fraction et l'atteindre avant son entrée en Chine.

A son arrivée à *Dong-Gott*, le colonel reçut d'un émissaire le renseignement suivant : les pirates se battent depuis le matin à *Nguom-Hai* avec les Français, commandés par un capitaine.

Le capitaine Ibos avait donc pu joindre les pirates, mais il se pouvait que, fatigué par une marche forcée, manquant de munitions, ayant eu deux affaires en deux jours, sa situation ne devienne mauvaise.

Aussi, malgré la fatigue de la journée, le colonel partait, le 12, à 2 heures du matin, avec le reste du groupe Bonnelet, 6ᵉ compagnie de légion, 1 peloton, lieutenant de Laprade; 7ᵉ compagnie du 2ᵉ tirailleurs tonkinois, 1 peloton, lieutenant Desery ; un grand nombre de partisans se joignaient à la colonne. Il laissait à *Dong-Gott* le commandant Roux, la section d'ambulance Lejonne, le groupe Fesch, comprenant une section, 12ᵉ compagnie légion, et un peloton, 8ᵉ compagnie 2ᵉ tirailleurs tonkinois.

La marche s'accentua dès 7 heures du matin, car on commençait à entendre les coups de fusils. A 8 heures du matin, la jonction se faisait sur la frontière avec le groupe Ibos. Les coups de feu provenaient des réguliers chinois qui étaient parvenus à enfermer les pirates dans un entonnoir, dès le 11 au soir, et qui commençaient, le long des pentes boisées du cirque, une véritable chasse à l'homme.

Marche du groupe du capitaine Ibos.

Voici ce qui s'était passé :

A son départ de *Na-Giang*, le 9 mai, le capitaine Ibos s'était dirigé sur *Lung-Kinh;* les habitants rendirent compte qu'une grosse bande pirate venant de *Na-Giang* avait été vue dans le pays voisin vers 10 ou 11 heures du matin, qu'elle s'était fractionnée en deux groupes, l'un se dirigeant sur *Na-Lan*, l'autre vers *Co-Muci* (région de *Tra-Linh*). Le capitaine Ibos poussa jusqu'à *Lung-Tup* pour avoir des nouvelles plus précises et s'assurer que, la bande ne tenant plus le col de *Kanh-Piai*, le mouvement tournant qui lui était prescrit devenait inutile.

A *Lung-Tup*, les renseignements des habitants confirmèrent ceux déjà reçus; la bande avait bien abandonné *Na-Giang* et marchait sur la Chine par *Lung-Ai*.

Le 10 mai au matin, le capitaine Ibos, retardé par l'orage épouvantable du 9 au 10 mai, quittait *Lung-Tup* ayant reçu l'ordre du colonel lui laissant toute initiative pour la poursuite de la bande, et l'autorisant à passer la frontière si les circonstances le demandaient.

D'après les renseignements reçus, la bande était démoralisée et fatiguée; d'autre part, les tirailleurs avançaient difficilement dans les rochers et dans la boue; le lieutenant Dubois partit en avant avec les légionnaires, qui, mieux chaussés, marchaient plus vite; sa mission était de prendre le contact sans s'engager.

A *Lung-Ai*, à *Ru-Ra*, à *Lung-Rai*, les habitants signalaient le passage récent de la bande; les poursuivants gagnaient du terrain. Le capitaine Ibos atteignit *Ke-Tien* par *Bac-Hoan;* il n'y avait plus de traces de pirates, lorsqu'un habitant vint prévenir que la bande, faisant un crochet, s'était dirigée sur *Lung-Tuong*, où elle mangeait à 10 heures du matin. Le capitaine Ibos s'y rendit par *Bac-Hoan*, où il faisait sa jonction avec le lieutenant Dubois, prévenu lui aussi du mouvement vers le Sud des pirates. Le détachement réuni se mit en route sur *Lung-Tuong*. Le village était évacué par la bande.

Il était 3 h. 15 du soir; les hommes n'ayant pas mangé depuis le matin, le capitaine Ibos leur donna quarante-cinq minutes de repos; pendant ce repos, un man vint rendre compte que la bande, 90 à 100 hommes, avec 70 ou 80 fusils, se trouvait autour de sa maison dans un cirque appelé *San-Sien*, distant de une heure de marche de *Lung-Tuong*.

D'autres renseignements faisaient connaître qu'une autre bande se trouvait dans les environs de *Trong-Ma*. Le capitaine Ibos résolut de surprendre la première bande à *San-Sien* avant la nuit et de tomber sur la deuxième le lendemain.

A 4 heures du soir, le détachement se mettait en route, et à 5 h. 10, après une marche très dure à travers les cols très difficiles qui séparent *Lung-Tuong* de *San-Sien*, les éclaireurs débouchèrent dans le cirque.

Affaire de San-Sien.

Les pirates préparaient leur repas ou fumaient l'opium ; leurs sentinelles, probablement endormies, ne signalèrent pas l'arrivée des troupes françaises ; elles furent réveillées par les premiers coups de fusils, auxquels elles ripostèrent inutilement. Le lieutenant Gaillard, qui commandait l'avant-garde, fit déployer son monde et mettre baïonnette au canon, mais l'assaut, bien que la case ne fût qu'à 50 mètres environ, n'était pas possible sur ce terrain encombré d'énormes blocs de rochers. La section se porta en avant par bonds successifs, alternant avec des feux rapides. Les pirates, surpris d'abord, s'étaient vite remis, et, abrités dans les rochers et derrière le mur en pierres sèches qui entourait la case, ripostaient violemment au feu de l'avant-garde. Malgré leur résistance, la case et les abords furent rapidement enlevés.

Pendant ce temps, une section de tirailleurs, sergent-major Poudès, se portait à droite du lieutenant Gaillard, grimpait sur le versant et, faisant face à gauche, empêchait les fuyards de se diriger sur *Lung-Tuong*. Le lieutenant Dubois, avec l'escouade de tirailleurs et une section de légion, prolongeait le lieutenant Gaillard à gauche, et un feu violent, augmenté bientôt par celui de l'arrière-garde, était dirigé sur la lisière des bois où s'échappaient les pirates. Ceux-ci partaient dans toutes les directions; beaucoup furent obligés de grimper un espace découvert criblé de balles par la chaîne.

A 5 h. 20, les pirates ne ripostaient plus; à 5 h. 25, les feux de poursuite de nos troupes avaient cessé; l'heure s'avançait et le capitaine Ibos, désireux de rentrer à *Lung-Tuong* le soir même, pour continuer l'exécution de son plan, n'eut pas le temps de faire fouiller la forêt pour retrouver les pirates morts ou blessés.

Cette affaire nous coûtait :

Le caporal Massoni, 6e compagnie de légion, tué, trois légionnaires blessés, quatre tirailleurs blessés légèrement.

Les pirates laissaient treize cadavres dans le fond du cirque.

Munitions consommées : 4.925 cartouches modèle 1886.

Le 11 mai, les habitants de *Lung-Tuong* rendaient compte que la bande surprise à *San-Sien* était dispersée. Les partisans se mirent en chasse pour essayer de faire des prisonniers. Pendant la matinée, le capitaine Ibos fit ses vivres et évacua ses blessés. A 11 h. 30, il était averti par le chef de poste chinois de *Na-Lan* que les réguliers avaient pris le contact avec les pirates vers *Pha-Huyem (Ké-Bio);* le ba-ho du *Luc-Khu* s'était joint aux réguliers et combattait la bande qui semblait peu à peu se retirer vers l'Est.

Affaire de Dong-Co.

A 1 heure du soir, le capitaine Ibos se mettait en route sur *Dong-Co* (Ca-Rang), par *Cha-Hoac* et *Trong-Ma;* guidé par les coups de fusils, le détachement arrivait en vue de *Dong-Co* à 3 heures du soir.

L'action était engagée entre partisans et réguliers d'une part et pirates de l'autre. Le but des réguliers était de pousser les pirates dans le fond d'un cirque dont des fractions chinoises venues par un sentier longeant la frontière garnissaient les crêtes nord et le sommet occidental. Les pirates (130) occupaient les crêtes sud et est; leur feu était violent, ils se défendaient, en outre, en lançant sur les assaillants des quartiers de rochers. Bravement, en effet, les réguliers montaient à l'assaut de la crête sud et s'en emparaient à 5 heures du soir.

L'assaut de la crête est se fit ensuite, d'après une convention passée entre le capitaine Ibos et les chefs chinois. Les troupes françaises préparèrent l'attaque par des feux de salve; l'assaut, donné par des réguliers chinois, se termina par un petit combat de nuit, qui assura aux Chinois la possession de la crête est du cirque, et où quatre pirates furent pris.

A la fin de la journée les Chinois avaient quelques pertes, neuf pirates étaient prisonniers.

Le détachement Ibos coucha à *Dong-Co*.

Le 12, au jour, les troupes chinoises renforcées descendirent des crêtes dans le fond du cirque, fouillant les moindres recoins, et capturant quelques pirates, exécutés d'ailleurs immédiatement. Le détachement Ibos cernait le cirque sur les flancs extérieurs, un peu en arrière, et, à 8 h. 30 du matin, le colonel, arrivant avec le reste du groupe Bonnelet et un fort détachement de partisans, faisait sa jonction avec le détachement Ibos. A 10 heures du matin, les réguliers cédaient la place aux partisans qui ne tardaient pas à exécuter quelques pirates.

La bande était complètement dispersée. Les prisonniers déclaraient que c'était cette bande qui avait attaqué *Lung-Lan;* d'ailleurs, parmi les effets contenus dans les ballots, on retrouvait des objets venant du pillage de Lung-Lan.

Cette bande s'était ensuite dirigée sur *Lung-Sung,* où elle s'était jointe à la bande qui avait attaqué *Nuoc-Haï.*

Puis, traqués de toutes parts, les pirates avaient pris la dirction du *Luc-Khu,* dans l'intention de gagner les *Ba-Chau.* La nouvelle du mouvement du commandant Farret sur *Tra-Linh* les avait maintenus vers le Nord et les décidait à tenter le passage en Chine. A *Na-Giang,* la bande se fractionna en deux parties. La première et la plus faible se dirigea sur *Co-Mouci* (région de Tra-Linh). Elle se heurta, à *Bo-Hat,* aux partisans du canton de *Tra-Linh,* qui lui infligèrent des pertes et l'obligèrent à se porter vers *Nguom-Hoai.*

La deuxième partie, celle qu'avait poursuivie le capitaine Ibos, s'était elle-même divisée en deux fractions; l'une, pour égarer la poursuite, fit un crochet et se dirigea sur *San-Sien,* où le capitaine Ibos l'atteignit malgré son stratagème; l'autre partie, se dirigeant sur *Nguom-Hoai,* y était rejointe par la fraction repoussée de *Bo-Hatt* par les partisans, et les deux groupes tombaient à *Dong-Co,* sur les réguliers chinois.

Beaucoup de pirates s'étaient échappés à la faveur de la nuit; isolés, ayant pour la plupart abandonné leurs armes, ils couraient la campagne, cherchant à manger.

Dispositions prises.

Le colonel lança les partisans dans toutes les directions, et quelques pirates isolés furent pris. De l'autre côté de la frontière, la même poursuite continuait, et, comme c'était là que la plupart des pirates s'étaient réfugiés, les prises furent plus nombreuses. En quelques jours, le maréchal Sou fit tomber de 70 à 80 têtes de pirates prisonniers et captura 70 fusils.

La colonne quitta *Dong-Co* le 13 au matin, et se dirigea sur *Nam-Nhung* qu'elle atteignit, vers 11 heures du matin, par un chemin fort pénible.

A *Nam-Nhung*, le colonel trouvait M. Bertrand, ingénieur-conseil du maréchal Sou. Le maréchal se rendait à *Lung-Ban* pour y avoir une entrevue avec le colonel commandant le territoire.

Le colonel se dirigea alors immédiatement sur *Dong-Hott*, où il arrivait à 6 heures du soir. Puis, le lendemain matin, il atteignit *Tra-Linh* avec le commandant Roux. La bande étant dispersée dès le 13 mai, le colonel commandant le territoire résolut de répartir sur la frontière de *Soc-Giang* à *Trung-Khanh-Phu* les troupes qui formaient les colonnes des commandants Roux et Farret avec mission de surveiller la zone frontière et de disperser les petits groupes pirates qui pourraient encore exister dans cette zone.

Pour remplir cette mission, les troupes étaient ainsi réparties :

Soc-Giang, 1 peloton 1re compagnie 3e tonkinois; 1 peloton 6e compagnie de légion, capitaine Pauvif;

Nam-Nhung, 1 section 1re compagnie 3e tonkinois; 1 peloton 6e compagnie de légion, capitaine Bonnelet;

Lung-Ri, 1 peloton 7e compagnie du 2e tirailleurs tonkinois, capitaine Ibos;

Dong-Hott, 1 peloton 7ᵉ compagnie du 2ᵉ tirailleurs tonkinois, lieutenant Gaillard ;

Tra-Linh, 1 section 3ᵉ compagnie 3ᵉ tirailleurs tonkinois ; 1 section 12ᵉ compagnie de légion capitaine Fesch ;

Ban-Xat, 1 peloton 8ᵉ compagnie 2ᵉ tirailleurs tonkinois, capitaine Kœchly ;

Trung-Khanh-Phu, 1 section et demie 3ᵉ compagnie 3ᵉ tirailleurs tonkinois ; 1 section 9ᵉ compagnie de légion, capitaine Vanwtberghe ;

Po-Tau, 1 peloton 5ᵉ compagnie 3ᵉ tirailleurs tonkinois, lieutenant Bonnacorsi ;

Tong-Hue, 1 section 9ᵉ compagnie de légion ; 1 peloton 8ᵉ compagnie 2ᵉ tirailleurs tonkinois, capitaine Blanc ;

Ban-Giog, 1 section 3ᵉ compagnie 3ᵉ tirailleurs tonkinois, lieutenant Bernard.

De plus, dans la zone frontière, les partisans étaient renvoyés dans leurs villages avec mission de fouiller tous les cirques, toutes les grottes, pour signaler les bandes qui pourraient se former et capturer les pirates isolés.

Les troupes d'observation de la frontière étaient mises sous le commandement du commandant Farret ; le commandant Roux rentrait à *Cao-Bang* avec le lieutenant Royer, et reprenait le commandement effectif du cercle de *Cao-Bang*.

Le docteur Lejonne rentrait à *Cao-Bang*, pour y reprendre son service habituel.

Le colonel et les officiers qui lui étaient adjoints attendaient à *Tra-Linh*, ainsi que M. Bertrand, l'arrivée du maréchal Sou.

Une ambulance était installée à *Tra-Linh*, pour les troupes d'observation de la frontière, par les soins du docteur Le Mithouard.

Le ravitaillement des troupes était assuré par *Quang-Uyen*, *Tra-Linh* et *Soc-Giang*.

Le commandant Lamotte, maintenu jusqu'alors à *Soc-Giang*, pour les relations avec le maréchal Sou, rentrait à *Cao-Bang*.

De plus, un poste était créé à *Lung-Sung* pour éviter tout retour possible d'une bande dans le massif du même nom.

Le 15 mai, les mouvements nécessités par cette nouvelle répartition des troupes recevait un commencement d'exécution et le maréchal Sou, arrivé dans la soirée à *Lung-Ban*, annonçait au colonel qu'il acceptait son invitation à déjeuner à *Tra-Linh*, le 16 mai.

Entrevues avec le maréchal Sou.

Dans cette entrevue, le maréchal Sou manifestait son grand contentement de l'extermination de la bande, faite en aussi peu de temps. Il donnait, sur la poursuite faite en Chine par les réguliers, les détails suivants :

250 hommes tenaient des points d'appui pendant que 250 autres réguliers battaient la campagne, fouillant le pays, alléchés par l'appât de la prime de 15 ou 25 piastres que payait le maréchal pour tout fusil pris sur les pirates (15 piastres fusil court, 25 piastres fusil long).

Dans cette poursuite, et dans l'affaire de *Dong-Co*, les réguliers avaient eu 9 hommes tués, 7 hommes morts de leurs blessures et 22 blessés.

Les pertes subies par la bande pirate, forte de 600 hommes, à son entrée au Tonkin et après sa jonction avec la bande de *Nuoc-Haï*, étaient de 200 à 250 hommes tués et blessés, abandonnés depuis *Lung-Sung* jusqu'au 16 mai. De plus, parmi leurs complices qui leur servaient de guides ou d'indicateurs, 70 étaient décapités par les Chinois, 70 fusils étaient entre les mains du m.aréchal Sou et leurs possesseurs étaient prisonniers ou décapités.

Pour le maréchal, il était impossible à la bande de se reformer de longtemps, et il en exprimait toute sa satisfaction.

Les chefs de bande, dont quelques-uns étaient blessés, avaient leur tête mise à prix :

Tran-Na-Sao, pour 1.000 piastres;

Ma-Man, pour 500 piastres;

Thiao-A-Pha pour 150 piastres.

Interrogé sur la composition de la bande, le maréchal Sou déclarait que jamais les pirates n'avaient eu de bailleurs de fonds.

L'histoire du métis qui voulait venger sur les Européens son père, décapité par nous à *Cho-Len*, n'était qu'une fable imaginée par les pirates, pour dissimuler les moyens dont ils se servaient pour se procurer des fusils et des munitions. Ces moyens étaient les suivants : installés sur la frontière *Yun-Nan-Quang-Si*, ces gens sans aveu arrêtaient et pillaient les convois d'opium, venant du *Yun-Nan*, puis vendaient ou échangeaient cet opium et se procuraient ainsi des armes et des cartouches.

Repoussés par le maréchal Sou, retour de *Pé-Sé*, cette bande s'était jetée sur le Tonkin, où elle s'était fait écharper.

Le maréchal Sou avait fait rechercher à *My-Léan* deux des tirailleurs disparus à *Lung-Lan*, ces deux tirailleurs n'ont jamais été vus dans cette région; néanmoins les recherches continuent.

En outre, le maréchal Sou demande que le règlement de police frontière soit strictement observé. Tout Chinois qui désirera se rendre au Tonkin devra avoir un répondant sérieux; ceux de *Long-Tchéou* devront se

présenter au préfet avant d'aller demander leur passe-
port au consul.

En outre, il faut que les relations soient constantes
entre les commandants français et chinois des postes
doubles, et, pour ce faire, que la communication élec-
trique soit installée conformément aux règlements. Il
ajoute que son désir serait que les relations avec le
deuxième territoire soient les mêmes que celles qu'il a
avec le premier territoire.

Quant aux mandarins de la frontière, il n'en est pas
toujours content, mais un seul, dans ces derniers temps,
a mérité un châtiment, c'est Tran-Te-Hoa, mandarin
de *Bing-Mang*. Il est coupable de ne pas avoir averti
les Français de l'approche des pirates et d'avoir laissé
former une bande à *Bing-Mang*. Le maréchal Sou le
relève de son commandement et le remplace par son
fils adoptif.

Après cette longue entrevue, le maréchal quitta *Tra-
Linh*, en invitant les officiers français présents à aller
déjeuner le 17 mai à *Lung-Ban*.

Dans cette nouvelle entrevue, le maréchal Sou donne
les mêmes détails que la veille, confirme de plus en
plus que la frontière est complètement dégagée et donne
au colonel un mousqueton 92, brûlé dans l'incendie de
Lung-Lan et trouvé sur un pirate.

Au moment du départ, le maréchal Sou annonce qu'il
retourne à *Pé-Sé* combattre les bandes qui se sont en
partie reformées derrière lui, et annonce son intention
de les repousser au Nord, sur le *Quci-Tcheou*.

Le 18 mai, le colonel rentre à *Cao-Bang*, laissant les
troupes en observation.

Colonne du lieutenant-colonel Betboy.

La tranquillité est rétablie partout.

La série des opérations avait été si rapide, dès le 7 mai, que la colonne organisée à *Bao-Lac* par le lieutenant-colonel Betboy, et qui devait prendre part au blocus du *Lung-Sung*, n'eut pas le temps d'arriver. Cette colonne comprenait :

3 sections 6ᵉ compagnie 4ᵉ tirailleurs tonkinois, capitaine Barféty;

1 peloton 1ʳᵉ compagnie bataillon d'Afrique, capitaine Bonourd;

1 pièce d'artillerie 80 de montagne, lieutenant Guégen.

Partie le 7 mai de *Bao-Lang*, sous les ordres du lieutenant-colonel Betboy, auquel est adjoint le capitaine Pierron, cette colonne atteignait *Bo-Gai* (commandant Virgitti), le 8 mai, à 11 heures du matin, où elle se renforçait du groupe du capitaine Deriex (1 peloton 13ᵉ compagnie, 1 section 14ᵉ compagnie), 2 sections 8ᵉ compagnie, capitaine Gérard, 1 section 4ᵉ compagnie, capitaine Lefort. Cette colonne se porta, le 9 mai, sur *Ta-Xa* et y recevait bientôt l'ordre de faire demi-tour sur *Bo-Gai* et *Bao-Lac*, en raison des menaces d'invasion signalées sur la frontière vers *Pac-Tu*, et reconnues dans la suite comme peu fondées. Le 13 mai, la colonne rentrait à *Bao-Lac*, laissant à *Bo-Gai*, outre la garnison normale, 1 section de la 4ᵉ compagnie, capitaine Lefort; à *Lung-Sung*, 1 section 4ᵉ compagnie, avec le lieutenant Silve, détaché provisoirement à la 4ᵉ compagnie, faute d'officiers; à *Lung-Mat*, 1 section 6ᵉ compagnie 3ᵉ tirailleurs tonkinois, sergent Béréni.

Cette colonne eut à subir de grosses fatigues, en raison des marches forcées qu'elle fournit; en outre, le passage par l'artillerie de l'arroyo de *Ta-Xa*, grossi par les orages, demanda des efforts considérables ; au cours de ce passage de rivière, le maréchal des logis Petit-Cunnot, tombé accidentellement dans l'arroyo, ne dut la vie qu'au courage de trois de ses hommes, qui se jetèrent à la nage pour le sauver et y réussirent.

Considérations générales.

Ce qui donne aux opérations militaires, dans la haute vallée du *Song-Bang-Giang*, du 1ᵉʳ au 15 mai 1901, une physionomie particulière, c'est d'abord l'action combinée des troupes françaises et des troupes chinoises et aussi la rapidité avec laquelle ont pu être menées ces opérations.

Sans chercher à savoir quel motif faisait agir le maréchal Sou en la circonstance, il est incontestable que ses troupes nous ont rendu un grand service. En barrant aux pirates la route de Chine, puis en poursuivant les débris des bandes avec la dernière énergie, les troupes chinoises ont donné aux pirates le coup de grâce et anéanti les dernières espérances d'une bande si présomptueuse au début ; en outre, l'effet moral produit par cette action combinée a été très grand, les malfaiteurs de toute sorte qui n'attendaient qu'un succès de la bande pour se joindre à elle, voyant que les pirates étaient des gens hors la loi et traités comme tels, aussi bien en Chine qu'au Tonkin, n'ont pas osé mettre leur projet à exécution et sont rentrés dans le droit chemin.

La bande elle-même a perdu son courage et son insolence en voyant les casaques rouges apparaître sur le revers nord du *Lung-Sung ;* démoralisée, elle a fui en criant à la trahison, tant elle comptait trouver en Chine un refuge assuré.

De l'avis de tous, habitants du Tonkin comme habitant de Chine, la leçon semble devoir être profitable et l'on peut croire que la frontière est débarrassée pour quelque temps de bandes sérieuses.

Quant à la rapidité avec laquelle ont pu être menées les opérations, elle tient à plusieurs causes : il y a tout d'abord lieu de constater l'entrain et l'endurance des troupes qui ont eu à marcher et à combattre, et qui, malgré la chaleur, ont fourni, sans traînards, des marches forcées par des chemins extrêmement malaisés.

La deuxième cause, qui a favorisé la vitesse de la marche, c'est la connaissance parfaite du pays que les commandants de poste du secteur de *Soc-Giang* avaient su acquérir dès le temps de paix.

Il faut ajouter, en outre, que l'assistance de la population et son concours ne se sont pas démentis un seul instant.

Pas une fraction n'a eu à constater la fuite d'un seul coolie; ces coolies, gens du pays, encadrés par des doï et des caï choisis par les autorités indigènes, ont marché, du premier jusqu'au dernier jour sans plainte et sans défection.

Les habitants, cachant dans leurs grottes leurs femmes, leurs enfants, leur bétail et leurs vivres, faisaient le vide devant les pirates, qui ne trouvaient pas à se ravitailler; puis, dès l'arrivée des troupes françaises, venaient donner des renseignements sur l'ennemi.

Les partisans, conduits par leurs autorités indigènes, nous ont servi admirablement de guides. Infatigables et acharnés dans la poursuite, ils ont montré souvent de la bravoure et de l'initiative; les reproches qu'on a pu leur faire ne sont pas justifiés : il est impossible de demander à des gens sans cohésion et sans instruction militaire de combattre comme les troupes régulières. Les partisans se battent à leur manière et bravement, mais ils ne comprennent pas qu'on se lance sur l'ennemi au risque de se faire tuer ; dissimulés dans la brousse, et agissant à peu près individuellement, ils harcellent l'ennemi, coupent la tête aux traînards et aux maraudeurs, tournent les positions et finissent, après longtemps, c'est vrai, à rendre impossible la vie aux bandes. Avec une pareille manière de combattre, on conçoit que c'est une erreur de lancer des partisans à l'assaut.

De ce long exposé des faits qui se sont passés dans le deuxième territoire militaire du 15 avril au 15 mai, il ressort que les opérations militaires se sont réparties en trois phases bien distinctes :

1° Préliminaires ;
2° Blocus de *Lung-Sung* ;
3° Poursuite de la bande.

Les préliminaires, attaque de *Lung-Lan* et de *Nuoc-Hai*, pillage de *Tap-Na*, ont provoqué une série de petites opérations dont le résultat a été la concentration dans la vallée du *Dzé-Rao* d'une bande pirate forte de 400 à 500 fusils.

L'extrême mobilité des pirates, leur audace, leur entrée au Tonkin par des points différents, l'ignorance dans laquelle était le commandement sur leurs intentions, ont forcément amené un peu de décousu dans les opérations de cette période préliminaire ; il faut ajouter aussi que les effectifs répartis sur toute la surface du territoire, et à qui revenait la garde des postes, ne permettaient pas la constitution d'une vraie colonne mobile qui, avec un but bien net et une extrême liberté d'action, eût opéré avec plus de suite que les petites colonnes volantes qui, avec la préoccupation de la garde des postes, voyaient leur zone d'action fort limitée.

La deuxième phase des opérations militaires est, au

contraire, l'exécution d'un plan bien défini dans ses grandes lignes.

L'arrivée de sérieux renforts, tant européens qu'indigènes, la garde de la frontière par les troupes chinoises, la prise du contact avec la bande, permettaient l'exécution d'une manœuvre ayant pour but d'enfermer les pirates dans un massif difficile et sans ressources en vivres et en eau.

La marche concentrique de trois détachements partis respectivement de *Nguyen-Binh*, *Bo-Gai* et *Mo-Xat*, sur *Trung-Trang*, avait pour but d'interdire aux pirates la vallée de *Dzé-Rao* et de les refouler vers l'Est dans le *Lung-Sung*. Ce mouvement était appuyé par une deuxième ligne qui, tenant le *Xuat-Tinh*, les routes de *Bao-Lac* à *Nam-Pott* et *Dong-Mu*, fermait complètement les routes de l'Ouest et celle du Sud vers le Delta. Le Nord était tenu par les réguliers chinois, les pirates ne trouvaient de salut que vers l'Est. C'est alors que le mouvement enveloppant se complétait par l'entrée en ligne de groupes tenant les débouchés sur la route de *Soc-Giang* à *Mo-Xat* et *Mo-Xat - Trung-Trang*, mouvement appuyé par une deuxième ligne, partisans du *Luc-Khu* et groupe mobile de *Quang-Uyen* et réguliers chinois bordant la frontière.

Les pirates se trouvaient ainsi traqués de toutes parts. Le 30 avril, ils se heurtaient aux reconnaissances parties de *Bo-Gai* et aux troupes chinoises vers le Nord.

Le 1er mai, la reconnaissance envoyée par le commandant Roux les inquiétait vers le Sud.

Le 2 mai, la bande essayait de forcer le passage au Sud pour quitter le *Lung-Sung*, la colonne du commandant Roux l'en empêchait.

Les 3, 4 et 5 mai, la marche des reconnaissances des partisans, de troupes chinoises et des détachements du commandant Roux, resserraient le cercle autour des pirates et leur interdisait tout ravitaillement.

Le 6 mai, les pirates se heurtaient au *Deo-Ma-Nan*, au groupe Fesch, et les réguliers les fusillaient des hauteurs bordant le cirque de *Lung-Sung*.

Le 7 mai, les renforts bloquant les débouchés de l'Est et du Sud-Est forçaient les bandes à renoncer encore à leur ravitaillement.

Harassés, ayant tous les jours des engagements avec les troupes du blocus, mourant de faim, les pirates ne cherchaient plus qu'à fuir. Ils y réussirent, d'ailleurs, dans la nuit du 7 au 8 mai.

Mais le cas était prévu, car la ligne d'investissement du *Lung-Sung* avait environ 60 kilomètres d'étendue, vu la difficulté de resserrer cette ligne, en pénétrant dans le massif, où il n'existe ni eau ni vivres, et où les chemins d'accès sont épouvantables.

L'ordre était donné alors à toute fraction de se mettre, sans retard et de sa propre initiative, à la poursuite des pirates, dès qu'elle apprendrait leur fuite.

Les autorités indigènes étaient prévenues et devaient faire le vide devant les bandes, et la création d'une deuxième ligne permettait de devancer les pirates dans leur fuite si rapide qu'elle fût, pendant que toutes les fractions de première ligne, marchant dans les traces de la bande, lui interdisaient tout retour en arrière.

La troisième phase commençait. Le 8, les pirates se heurtaient, à *Tinh-Hoa* et à *Na-Giang*, aux partisans. Le 9, le lieutenant Dubois les attaquait à *Kanh-Piai* et les retardait dans leur fuite, pendant que la colonne arrivait en toute hâte de *Mo-Xat* et leur interdisait les routes du Sud et de l'Ouest. Le 10 mai, les partisans de *Tra-Linh* bousculaient à *Bo-Ouatt* une fraction pirate, et le mouvement en avant du groupe Farret leur enlevait tout espoir de fuite vers les *Ba-Chau*. Le même jour, le capitaine Ibos mettait en déroute un parti pirate à *San-Sien*, et, le 11, atteignait enfin la frontière de Chine ; les débris des pirates tombaient sur la deuxième ligne formée en cet endroit de troupes chinoises, et l'action combinée de nos troupes et des réguliers réduisait à néant le reste des bandes.

En terminant son rapport, le colonel commandant le 2e territoire se plaît à reconnaître que le rapide et décisif résultat obtenu est dû, pour beaucoup, à l'entrain et à l'initiative des officiers qu'il a eus sous ses ordres, à la vigueur, l'entraînement à la marche vraiment remarquable des troupes qu'il commandait ; il a été heureux, en outre, de constater l'excellent esprit de la population du 2e territoire, dont les habitants, comme partisans, coolies, guides, émissaires, etc..., ont montré, en même temps qu'une endurance à toute épreuve, le plus grand dévouement à notre cause.

Estimant que les qualités qu'il a constatées au cours des opérations méritent une récompense, le colonel commandant le 2e territoire se permet d'attirer la bienveillante attention de M. le général de division commandant en chef les troupes de l'Indo-Chine sur les propositions ci-jointes.

Cao-Bang, le 5 juin 1901.

TABLE DES MATIÈRES

Paris et Limoges. — Imp. milit. Henri CHARLES-LAVAUZELLE.